Emotionale Störungen und Verhaltensauffälligkeiten

Psychologie im Schulalltag
Band 2

Emotionale Störungen und Verhaltensauffälligkeiten

Prof. Dr. Silvia Schneider, Dr. Lukka Popp

Herausgeber der Reihe:

Prof. Dr. Caterina Gawrilow, Prof. Dr. Marcus Hasselhorn,
Prof. Dr. Ulrich Trautwein, Prof. Dr. Christina Schwenck, Stefan Drewes

Silvia Schneider
Lukka Popp

Emotionale Störungen und Verhaltensauffälligkeiten

hogrefe

Prof. Dr. Silvia Schneider, geb. 1962. 1981–1987 Studium der Psychologie an den Universitäten Mannheim und Marburg. 1992 Promotion, 2002 Habilitation. 2004–2010 Professorin für Klinische Kinder und Jugendpsychologie Universität Basel, seit 2010 an der Ruhr-Universität Bochum. Arbeitsschwerpunkte: Angststörungen des Kindes- und Jugendalters, Regulationsstörungen im Kleinkindalter, familiale Transmission emotionaler Störungen, klinisch-psychologische Diagnostik.

Dr. Lukka Popp, geb. 1984. 2004–2010 Studium der Theaterwissenschaft, der Sozialpsychologie und der Anthropologie an der Ruhr-Universität Bochum und der Psychologie an der Radboud Universität Nimwegen, Niederlande. 2016 Promotion über psychische Gesundheit im Säuglings- und Kleinkindalter an der Ruhr-Universität Bochum. 2011–2019 wissenschaftliche Mitarbeiterin am Lehrstuhl Klinische Kinder- und Jugendpsychologie an der Ruhr-Universität Bochum. Seit 2019 Leiterin des Ausbildungsinstitutes und der Ausbildungsambulanz am Münchner Universitären Institut für Kinder- und Jugendlichenpsychotherapie-Ausbildung (MUNIK) an der Ludwig-Maximilians-Universität München.

Bibliografische Information der Deutschen Nationalbibliothek
Die Deutsche Nationalbibliothek verzeichnet diese Publikation in der Deutschen Nationalbibliografie; detaillierte bibliografische Daten sind im Internet über http://dnb.dnb.de abrufbar.

Hogrefe Verlag GmbH & Co. KG
Merkelstraße 3
37085 Göttingen
Deutschland
Tel. +49 551 999 50 0
Fax +49 551 999 50 111
info@hogrefe.de
www.hogrefe.de

Umschlagabbildung: © iStock.com by Getty Images / lvdesign77
Satz: ARThür Grafik-Design & Kunst, Weimar
Druck: AZ Druck und Datentechnik, Kempten
Printed in Germany
Auf säurefreiem Papier gedruckt

1. Auflage 2020

(E-Book-ISBN [PDF] 978-3-8409-2898-7; E-Book-ISBN [EPUB] 978-3-8444-2898-8)
ISBN 978-3-8017-2898-4
http://doi.org/10.1026/02898-000

Inhaltsverzeichnis

Einleitung

Chaos an deutschen Schulen: Eine Lehrerin schlägt Alarm:
„Ich komme mit den Kindern nicht mehr zum Lernen“.
Inklusion, Migration und immer öfter verhaltensauffällige Kinder.[1]

Regelmäßig erscheinen in den Medien Notrufe von Lehrkräften, die sich von lauten, aggressiven, aber auch zurückgezogenen, traurig wirkenden Schüler*innen überfordert fühlen und Rat für den Umgang mit diesen Schüler*innen suchen. Welche Rolle spielen psychische Störungen im schulischen Kontext?

Laut einer bundesweiten Befragung des Robert-Koch-Instituts zeigen rund 15 % der 7- bis 17-jährigen Kinder und Jugendlichen in Deutschland Anzeichen einer psychischen Störung. In einer Schulklasse mit 30 Kindern sind demnach vier bis fünf Kinder von einer psychischen Problematik betroffen (Ravens-Sieberer et al., 2007). Angststörungen, Depressionen und Probleme im Sozialverhalten sind dabei die häufigsten psychischen Störungen bei Kindern und Jugendlichen im Schulalter. Nur etwa die Hälfte der Kinder und Jugendlichen mit einer behandlungsbedürftigen psychischen Problematik werden dabei psychotherapeutisch behandelt. Nach wie vor ist die psychotherapeutische Versorgung für Kinder und Jugendliche deutlich schlechter als für Erwachsene mit psychischen Problemen.

Lehrkräfte sind neben Kinderärzt*innen oft die Ersten, denen eine psychische Problematik in dieser Altersgruppe auffällt. Sie beobachten einen plötzlichen Leistungsabfall, aggressives Verhalten oder Schulabstinenz-Symptome, die Folgen psychischer Probleme darstellen können. Lehrkräfte sind somit immer wieder mit Fragen konfrontiert wie:

- Braucht das Kind Hilfe?
- Wie kann das Kind im Unterricht unterstützt werden?
- Welche Rolle spielt die Schule bei dieser Problematik?

Viele Schulen setzen Beratungslehrer*innen und Schulpsycholog*innen ein, um diese Fragen zu klären sowie Lehrkräfte und Schüler*innen zu unterstützen. Gleichzeitig erscheint es jedoch sinnvoll, dass Lehrkräfte selbst über ein Basiswissen zu Erscheinungsbildern, Erklärungsmodellen und Behandlungsmöglichkei-

---

1 Kraufmann, F. (2018). Chaos an deutschen Schulen. Eine Lehrerin schlägt Alarm: Ich komme mit den Kindern nicht mehr zum Lernen. *Focus Online*.

ten psychischer Störungen im Kindes- und Jugendalter verfügen. Das vorliegende Buch möchte Lehrkräften Basiswissen zum Verständnis Emotionaler Störungen und Verhaltensauffälligkeiten, den häufigsten psychischen Störungsgruppen bei Kindern und Jugendlichen im Schulalter, zur Verfügung stellen und damit einen Beitrag zur besseren Früherkennung von psychischen Störungen leisten.

Zu Beginn des Buches möchten wir zunächst definieren, was psychische Störungen sind und wie diese von Problemverhalten unterschieden werden, das als Teil einer gesunden Entwicklung eingestuft wird. Daran schließt eine übersichtliche Beschreibung an, wie psychische Störungen entstehen und welche Rolle die Schule dabei spielt. Dabei geben wir einen Überblick über psychische Erkrankungen im Kindes- und Jugendalter, die am häufigsten auftreten bzw. die von Lehrkräften als besonders herausfordernd eingestuft werden. Typische Merkmale des jeweiligen Störungsbilds werden dargestellt und in einem Fallbeispiel veranschaulicht. In Kapitel 4 werden Behandlungsmöglichkeiten von innerschulischer Beratung bis hin zur Psychotherapie beschrieben. Ein besonderer Schwerpunkt liegt hier darauf, wie ein passender Psychotherapieplatz gefunden werden kann, welche diagnostischen Untersuchungen stattfinden und schließlich wie eine Psychotherapie abläuft. In Kapitel 5 werden allgemeine Ansatzpunkte, wie Lehrkräfte die psychische Gesundheit ihrer Schüler*innen fördern können, beschrieben. Abschließend werden in Kapitel 6 an Beschreibungen von Problemverhalten konkrete praxisnahe Hilfemaßnahmen veranschaulicht, die in der Schule umsetzbar sind.

Danksagung

In dieses Buch fließen viele wichtige Erkenntnisse und Hinweise aus Gesprächen mit Lehrkräften ein, denen wir dafür ausdrücklich danken. Besonderer Dank für die umfangreichen Rückmeldungen zu Entwürfen des Buches gilt Nadja Mitolis, Anna Schneider und Till Widmann. Mit Ausdauer und Klarheit hat daneben auch Janine Hocevar zum Gelingen des Buches beigetragen. Schließlich möchten wir den Herausgebern der Buchreihe und dem Verlag für ihre Geduld bei der Entstehung dieses Werkes danken.

1 Was sind psychische Störungen?

Kindliches Verhalten wird in unserer Gesellschaft danach beurteilt, ob es altersadäquat an die erwarteten Verhaltensregeln angepasst ist. Ab wann sollte ein Kind in der Lage sein, sich zu melden und nicht in die Klasse zu rufen? Ab wann kann man erwarten, dass Kinder Konflikte nicht mit Raufen und Schubsen austragen? Ist ruhiges Sitzenbleiben erlernbar oder von einem sechsjährigen Kind zu viel verlangt? Der Schulalltag ist mit Entwicklungs- und Anpassungsanforderungen für Kinder und Jugendliche gepflastert. Bei einer psychischen Störung handelt es sich um ein Muster von Beschwerden und Verhaltensauffälligkeiten, das in einer vorgegebenen Dauer (z.B. länger als vier Wochen), Häufigkeit (z.B. fast täglich) und Intensität (z.B. sehr stark) vorliegt. Diese Beschwerden und Verhaltensauffälligkeiten werden in sogenannten Diagnosekriterien beschrieben und operationalisiert. In Deutschland werden psychische Störungen nach den Diagnosekriterien der 10. Revision der Internationalen statistischen Klassifikation der Krankheiten und verwandter Gesundheitsprobleme definiert, die von der Weltgesundheitsorganisation (World Health Organization, WHO) herausgegeben und regelmäßig aktualisiert werden (ICD-10-GM; WHO, 2016). Wenn alle Diagnosekriterien für eine bestimmte psychische Störung erfüllt sind, wird von einer behandlungsbedürftigen Krankheit gesprochen.

Um eine psychische Störung von alters- und entwicklungstypischen Problemen abzugrenzen, muss ein Zustand beschrieben werden können, in dem die Wahrnehmung, das Fühlen, das Handeln, die Gedanken oder die sozialen Beziehungen eines Kindes im Vergleich zu Kindern der gleichen Altersgruppe beeinträchtigt sind. Dieser Zustand ist verbunden mit bedeutsamem Leiden oder einer Beeinträchtigung für die betroffene Person selbst oder für Dritte, wie etwa die Eltern. Kinder und Jugendliche können dadurch in ihrer normalen Entwicklung behindert werden (Steinhausen, 2002). Eine große und herausfordernde Frage im Bereich der Emotionalen und Verhaltensstörungen im Kindes- und Jugendalter ist sicher die Abgrenzung verzögerter Entwicklung von behandlungsbedürftigen Entwicklungsabweichungen. Diese Abgrenzung erfordert eine Auseinandersetzung mit der Frage, was krank und was normal ist. Kinder und Jugendliche zeigen immer wieder Verhaltensweisen, die unerwünscht sind und den Schulalltag erschweren, jedoch Teil einer normalen Entwicklung sein können. Bei diesen Auffälligkeiten handelt es sich häufig um *entwicklungsbedingte Anpassungsschwierigkeiten*. Sie sind ein Zeichen dafür, dass eine Entwicklungsaufgabe (vgl. hierzu Tabelle 1) noch nicht bewältigt wurde. Entwicklungsaufgaben sind entwicklungsaltersspezifische Herausforderungen, die an Kinder und auch Erwachsene gestellt werden. Erst wenn eine Aufgabe bewältigt ist, kann die nächste Entwicklungsstufe erreicht werden. Kinder und Jugendliche benötigen häufig die Unterstützung von Eltern, Gleichaltrigen und Lehrkräften, um eine Entwicklungsaufgabe zu meistern und so neue Kompetenzen und Fertigkeiten zu erlernen. Tabelle 1 zeigt Beispiele für entwicklungstypische Verhaltensauffälligkeiten, die im Schulalltag auftreten können. Daneben wird die Funktion des altersspezifischen Verhaltens beschrieben und benannt, welche Erziehungsaufgabe daraus für die Eltern und die Lehrkräfte abgeleitet werden kann, um das Kind bestmöglich zu unterstützen.

Tabelle 1: Entwicklungstypische Verhaltensauffälligkeiten im Schulalter und deren Funktion für die kindliche Entwicklung und entwicklungsfördernde Erziehungsaufgaben, modifiziert nach Mattejat (2008)

Alter	Verhalten	Entwicklungsaufgabe	Erziehungsaufgabe
Vorschulalter	Trennungsangst, Trotz	Aufbau einer sicheren Bindung, Entwicklung selbstregulatorischer Fähigkeiten (z. B. Umgang mit Frustration)	Vorhersehbares Verhalten (z. B. pünktliches Abholen), positive Zuwendung und Hilfestellung bei Überforderung
Grundschulalter	Raufen, Mitschüler*innen ärgern/schikanieren, in die Klasse rufen	Einüben sozialer Regeln, Entwicklung individueller Durchsetzungsfähigkeit, Einüben von Rollenverhalten in der Gruppe	Klare Verhaltensregeln aufstellen, Konsequenzen bei Nichtbeachtung einführen und durchsetzen
Jugendalter	Schule schwänzen, Rauchen, Drogenkonsum, Leistungsverweigerung (z. B. keine Hausaufgaben)	Autonomieentwicklung (z. B. Was ist mir wichtig?), Identitätsfindung (z. B. Wie möchte ich sein? Was ist mir peinlich?), Anpassung der Geschlechterrolle, Ablösung vom Elternhaus	Vorbildfunktion (z. B. Umgang mit Mitmenschen), Aushandeln klarer Regeln und Vereinbarungen, Freiräume lassen, Vertrauen aussprechen

1.1 Wann besteht Handlungsbedarf?

Die Entwicklung von Kindern und Jugendlichen ist dynamisch. Die Beurteilung, ob ein bestimmtes Verhalten oder emotionales Erleben behandlungsbedürftig ist, stellt im Kindes- und Jugendalter eine besondere Herausforderung dar. Viele „auffallende" und für Eltern und Lehrkräfte anstrengende Verhaltensweisen und Gefühlsäußerungen sind bei nahezu allen Kindern in bestimmten Entwicklungsphasen zu erkennen und für die jeweiligen Altersphasen als normal zu beurteilen. Es braucht daher eine sorgfältige Überprüfung der klinischen Relevanz dieser Symptome, bevor eine spezifische Beratung und Behandlung empfohlen werden kann. Wer kindliches Verhalten beurteilen will, muss dies immer vor dem Hintergrund des jeweiligen Alters des Kindes tun. Bestimmtes Verhalten kann in einer Entwicklungsphase normal sein und im Verlauf der Entwicklung abweichend werden. Kleinkinder etwa, die sich mit der Trennung von ihren Eltern oder Bezugspersonen schwertun, zeigen normales Verhalten. Sie müssen Schritt für Schritt lernen, dass die Trennung von den Eltern nicht für immer ist und dass sie sich auch mit anderen Bezugspersonen und Kindern wohlfühlen können. Im Grundschulalter kann jedoch eine ausgeprägte Trennungsangst für das Kind problematisch sein, da die Trennungsangst es möglicherweise daran hindert, andere wichtige Entwicklungsschritte (z. B. Pflege von Freundschaften, regelmäßiger Schulbesuch) zu vollziehen. In diesem Fall muss überlegt werden, ob die ausgeprägte Trennungsangst behandelt werden sollte. Positiv anzumerken ist, dass die Rückkehr auf einen positiven Entwicklungspfad immer möglich ist und nicht ausnahmslos professionelle Unterstützung benötigt. Allgemein gilt: Je stärker und anhaltender eine Abweichung von einer normalen Entwicklung ist, desto schwieriger ist es, die verpassten Entwicklungsschritte nachzuholen. Ein frühes Eingreifen ist also wichtig, um es dem Kind zu ermöglichen, einen Entwicklungsrückstand aufzuholen.

Allgemein gilt, dass Handlungsbedarf besteht, wenn

- Das Verhalten oder Erleben von Schüler*innen im Vergleich zu Gleichaltrigen nicht altersadäquat ist.
  - *Wie z. B.* ein 14-jähriger Jugendlicher, der keine Freude empfindet, auch wenn er Erfolge erlebt oder schöne Ereignisse passieren.
  - *oder* ein 12-jähriges Kind, das andere beleidigt oder ärgert, wenn es selbst frustriert ist durch Aufgaben, die es nicht lösen kann.
- Die Entwicklung von Schüler*innen gefährdet oder schon beeinträchtig ist.
  - *Wie z. B.* eine 14-jährige Jugendliche, die sich mündlich nicht am Unterricht beteiligt, aus Angst, sich zu blamieren.
  - *oder* ein 10-jähriges Kind, das nicht woanders übernachten kann oder möchte, weil es sich schämt, dass es nachts einnässt.
- Betroffene Schüler*innen unter der Situation leiden bzw. Dritte in Mitleidenschaft gezogen werden.

- *Wie z. B.* ein 10-jähriges Kind, das unter Bauchschmerzen und Übelkeit leidet, wenn es morgens zur Schule gehen muss aus Angst sich von der Mutter zu trennen.
- *oder* ein 17-jähriger Jugendlicher, der sich selbst verletzt, um Stress besser zu ertragen.

„Wenn wir über Langzeitarbeitslosigkeit reden, ist Schule schwänzen der Anfang", Ursula von der Leyen[2].

Eine bundesweite Online-Umfrage über soziale Netzwerke, an der 1.359 Schüler*innen im Alter von 12 bis 18 Jahren teilnahmen, zeigte, dass 9 % der befragten Personen in den letzten sieben Tagen die Schule vermieden haben (Pflug & Schneider, 2016). Dabei wurden die Schüler*innen als Schulabsentist*innen bzw. Schulvermeider*innen definiert, wenn sie während der letzten sieben Kalendertage nicht in der Schule waren (einzelne Stunden oder den ganzen Tag) und für ihr Fehlen nicht einen anderen Grund als ein besonderes Ereignis (z. B. Familienfest, Beerdigung) oder eine Erkrankung bzw. Verletzung angaben. Neben der Erfassung der Häufigkeit des Fehlens wurden die Lebensumstände der Kinder und Jugendlichen erfasst. Im Vergleich zu jenen, die nicht die Schule vermieden, lebten die Schulabsentist*innen häufiger bei einem alleinerziehenden Elternteil, hatten einen niedrigeren sozioökonomischen Status und berichteten mehr Emotionale und Verhaltensprobleme sowie weniger soziale Kompetenzen. Schulabsentismus kann demnach ein Anzeichen für psychische oder soziale Probleme sein (Knollmann et al., 2010). Es kann Ausdruck einer Externalisierenden Störung (Störung des Sozialverhaltens, Regelbruch) oder Ausdruck einer Internalisierenden Störung (Trennungsangst, soziale Angst, sozialer Rückzug) sein. Die Gründe für das Fehlen in der Schule, die von den Schüler*innen in der Online-Studie benannt wurden, sind in Abbildung 1 dargestellt (Mehrfachnennungen waren möglich; Pflug & Schneider, 2016).

Schulvermeidung beginnt häufig mit dem Erleben eines Misserfolgs und dem Eindruck, die eigene Leistung nicht verbessern zu können, was motivationslos macht und schließlich zur Vermeidung der Schulsituation führt. Damit ist der Grundstein für weitere Schulvermeidung gelegt: Betroffene verlieren sowohl den sozialen als auch den inhaltlichen Anschluss, was zu weiteren Misserfolgserlebnissen und dem Erleben von Hilflosigkeit führt. Je früher in diesen Teufelskreis eingegriffen wird, desto geringer sind die Folgen. Langfristig kann Schulvermeidung zu einem Schulabbruch führen, was schlechtere Ausbildungs- und Arbeitschancen bedeutet.

2 Fahrun, J. & Kain, F. (2012). Schwänzen – Anfang von Langzeitarbeitslosigkeit. *Die Welt.*

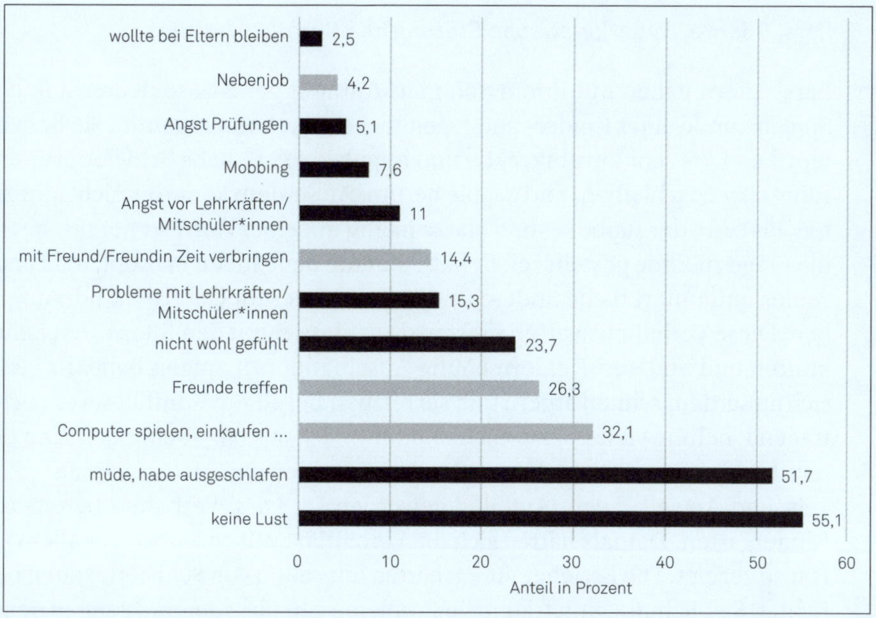

Abbildung 1: Begründungen für Schulabsentismus (N = 118 Schüler*innen). Die schwarzen Balken stellen psychische Gründe für das Fehlen dar (Pflug & Schneider, 2016).

1.2 Welche psychischen Störungsbilder gibt es im Schulalter?

Psychische Störungen werden in verschiedene Störungsgruppen eingeteilt. Im Folgenden werden die Störungsgruppen beschrieben, die im Schulkontext typischerweise auftreten. Grundsätzlich unterscheidet man zwischen Emotionalen und Verhaltensbezogenen Störungen. Emotionale Störungen werden auch als *internalisierende Störungen* bezeichnet, da die Problematik nach innen gerichtet auftritt und für die Umwelt nur begrenzt wahrnehmbar ist (z. B. Angststörungen). Verhaltensbezogene Störungen werden auch *externalisierende Störungen* genannt, da die Symptomatik nach außen gerichtet ist (z. B. andere Kinder ärgern oder stören).

1.2.1 Externalisierende Störungen des Schulalters

Zu den *externalisierenden Störungen* zählt man Hyperkinetische Störungen (syn. Aufmerksamkeitsdefizit-/Hyperaktivitätsstörung, ADHS), Störungen des Sozialverhaltens und Oppositionelle Verhaltensstörungen. Eine hyperkinetische Störung des Sozialverhaltens beschreibt sowohl eine Aufmerksamkeits- als auch eine Störung des Sozialverhaltens zur gleichen Zeit.

Lars, 8 Jahre, *Hyperkinetische Störung des Sozialverhaltens*

Lars' Eltern gehen mit ihrem Sohn auf Anraten der Klassenlehrerin in die Sprechstunde einer Kinder- und Jugendlichenpsychotherapeutin. Sie berichten, dass Lars sehr unruhig, aktiv und impulsiv sei. Er habe Schwierigkeiten, ruhig sitzen zu bleiben, und zapple herum. Außerdem könne er nicht abwarten, bis er an der Reihe sei und platze häufig mit einer Antwort heraus, bevor die Frage zu Ende gestellt sei. Er habe ständig neue Ideen im Kopf, rede pausenlos und unterbreche andere im Gespräch oder im Unterricht bei Aufgaben. Diese Verhaltensweisen führten dazu, dass er mit den Eltern, den Lehrkräften und anderen Kindern häufig Auseinandersetzungen habe. Er lasse sich außerdem schnell ärgern und sei reizbar. Bei einem Konflikt sei er nachtragend, nehme vieles persönlich und fühle sich „unfair" behandelt. Die Eltern beschreiben Lars zudem als trotzig. Er widersetze sich regelmäßig Regeln und Anweisungen. Auffällig geworden sei Lars' Verhalten bereits im Kindergarten. Damals hätten sich die Verhaltensweisen jedoch vor allem zu Hause gezeigt. Die Erzieher*innen hätten nur selten von Schwierigkeiten berichtet. Seit Schulbeginn träten die Probleme verstärkt auf und zeigten deutliche Auswirkungen, sowohl in den schulischen Leistungen als auch im Kontakt mit anderen.

Typische Merkmale von *Hyperkinetischen Störungen* sind

- Hyperaktivität
  - Starker Bewegungsdrang
  - Exzessives Reden, kann nicht leise sprechen oder arbeiten
  - Wie von einem Motor angetrieben
  - Steht auf, verlässt den Platz im Klassenraum oder in anderen Situationen
- Impulsivität
  - Platzt mit Antworten heraus
  - Kann nicht warten, bis es an der Reihe ist
  - Stört/unterbricht andere
- Unaufmerksamkeit
  - Schwierigkeiten, Aufmerksamkeit aufrecht zu erhalten
  - Leicht ablenkbar, vergesslich
  - Hört nicht zu
  - Führt nichts zu Ende
  - Schlechte Arbeitsplanung und -organisation
  - Häufige Vermeidung, Ablehnung oder Widerwilligkeit gegenüber Aufgaben, die längerdauernd geistige Anstrengung erfordern

Im schulischen Alltag fallen diese Kinder und Jugendlichen oft auf, da sie Schwierigkeiten haben, sich zu konzentrieren und selbstständig zu arbeiten, d.h. eine

Aufgabe zu erfassen, nötige Arbeitsschritte zu planen und auszuführen. Das Kind ist von mehreren Reizen schnell überfordert und muss sich sehr anstrengen, um seine Aufmerksamkeit zu fokussieren. Dies ist nur kurzzeitig möglich. Aufmerksamkeitsprobleme zeigen sich besonders dann, wenn längere Aufmerksamkeitsspannen, zielgerichtetes Arbeiten oder selbstgesteuerte Handlungen verlangt werden. Solche Situationen gibt es vor allem in der Schule bei Stillarbeiten, Frontalunterricht oder Gruppenaktivitäten sowie zu Hause beim Erledigen der Hausaufgaben. Die Aufmerksamkeitsprobleme werden typischerweise weniger, sobald Aufgaben bzw. Situationen für die Kinder oder Jugendlichen neu oder spannend sind, wenn ihr Verhalten von Erwachsenen reguliert wird oder sie kurzfristige Belohnungen zu erwarten haben (Schlottke et al., 2018).

Kinder und Jugendliche mit Hyperkinetischen Störungen sind häufig wenig beliebt in der Klasse. Mitschüler*innen fühlen sich beim Lernen gestört oder sind durch Grenzverletzungen gereizt. Sie reagieren mit Zurückweisung und Ausgrenzung. Diese Erfahrungen machen unsicher und verschlechtern das meist ohnehin nicht gute Selbstwertgefühl. Ein geringes Selbstwertgefühl kann durch eine besonders großspurige Selbstdarstellung oder mit offensivem und aggressivem Verhalten verdeckt werden. Andere Kinder verdecken ihr schlechtes Bild von sich selbst mit vermeintlicher Gleichgültigkeit. Die Folgen sind weitere soziale Ablehnung und eine Verstärkung der Aufmerksamkeitsproblematik. Aufmerksamkeitsprobleme zeigen sich typischerweise nicht nur in der Schule. Auch zu Hause haben Kinder und Jugendliche häufig Probleme sich zu konzentrieren, geduldig zu sein oder länger bei einer Aktivität zu bleiben.

Typische Merkmale von *Störungen des Sozialverhaltens* bzw. *Oppositionelle Verhaltensstörungen* sind

- Verletzung grundlegender Rechte anderer
- Ungewöhnlich häufige oder schwere Wutausbrüche, die nicht zum Entwicklungsalter passen
- Häufiger Streit mit Erwachsenen
- Absichtliches Ärgern
- Reizbarkeit und schnelles Ärgerlichwerden
- Boshaftigkeit und das Motiv, sich rächen zu wollen

In der Schule fallen Kinder und Jugendliche mit diesem Störungsmuster auf, da sie sich verhältnismäßig häufig und heftig sowohl mit Gleichaltrigen als auch mit Erwachsenen streiten. Diese Auseinandersetzungen sind geprägt von aggressivem oder aufsässigem Verhalten. Sie erscheinen dominant und durchsetzungsstark, widersetzen sich Regeln und werden schnell ärgerlich, wenn ihnen Grenzen gesetzt werden. Sie sind geneigt, andere für ihre Fehler verantwortlich zu machen, fühlen sich schnell ungerecht behandelt und haben nach einer Auseinandersetzung häufig den Wunsch, sich zu rächen. Bei einer starken Ausprägung der Störung des Sozialverhaltens kann es auch zu Drogenmissbrauch, Diebstahl oder Brandstiftung kommen. Kinder und Jugendliche mit dieser Problematik bekommen häufig Schulverweise als Folge des untragbaren Verhaltens.

Antisoziales Verhalten kann geplant und *proaktiv* wie beim Bullying oder *reaktiv* als Reaktion auf eine frustrierende Situation sein. Gemeinsam ist beiden Formen, dass grundlegende Rechte anderer sowie gesellschaftliche Regeln verletzt werden. Typische Bereiche, in denen antisoziales Verhalten auftritt, sind aggressives Verhalten gegenüber Menschen und Tieren, Zerstörung von (fremdem) Eigentum sowie Betrug oder Diebstahl (Stadler, 2018). Aggressives Verhalten zeigt sich nicht nur in körperlichen Auseinandersetzungen, sondern auch in Form von Bedrohen, Hänseln, Beschimpfen, Nötigen, Benutzen von Waffen (z. B. Steine, Flaschen, Messer) oder dem Verlangen von sexuellen Handlungen. Daneben werden auch schwere Regelverstöße als antisoziales Verhalten gewertet, beispielsweise über Nacht wegzubleiben trotz elterlichen Verbots oder regelmäßiges Fernbleiben von der Schule (gilt für Kinder jünger als 13 Jahre).

In der Schule haben Schüler*innen mit aggressiven/oppositionellen Verhaltensweisen häufiger als andere schlechte Noten und eine schlechte Beziehung zu den Lehrkräften. Sie schwänzen häufiger die Schule, wiederholen Klassen und schaffen keinen Schulabschluss oder brechen vorzeitig die Schule ab. Diese Probleme scheinen weniger mit einer geringen Leistungsfähigkeit zusammenzuhängen, als mit einer ablehnenden Einstellung der Schule gegenüber.

Der „age-related“ Effekt bei der ADHS

Laut einer Umfrage des Fernsehsenders CNN glaubt 75 % der amerikanischen Bevölkerung, dass ADHS zu Unrecht diagnostiziert wird. Immer wieder wird vermutet, dass normale Entwicklungsverzögerungen fälschlich als ADHS-Symptomatik pathologisiert werden. Eine besonders kritische Zeit für Fehldiagnosen ist das Grundschulalter. Hier zeigen sich große Entwicklungsunterschiede zwischen den Kindern eines Jahrgangs, beispielsweise in der Aufmerksamkeitsleistung oder der Impulskontrolle. Konzentrationsprobleme und motorische Unruhe können irrtümlich als klinisch auffälliges Verhalten interpretiert werden, obwohl Unterschiede zwischen den Kindern möglicherweise allein durch den Altersunterschied erklärt werden können: Ein gerade 7 Jahre alt gewordenes Kind hat eine völlig andere Aufmerksamkeitsspanne als ein Kind, das am nächsten Tag 8 Jahre alt wird. Die Tatsache, dass beide Kinder aber die gleiche Klasse besuchen, „verführt“ dazu, an beide Kinder die gleichen Erwartungen bezüglich ihrer Aufmerksamkeitsspanne, Frustrationstoleranz, ihres Sozialverhaltens etc. zu stellen. Eine Studie, die weltweit starkes Medieninteresse auf sich zog, untersuchte die Diagnosevergabe von ADHS in der Routineversorgung (Elder, 2010). Der Autor verglich die Häufigkeit von ADHS-Diagnosen bei den jeweils ältesten und jüngsten Kindern einer Schulklasse. Es zeigte sich, dass die jüngsten Kinder einer Schulklasse etwa doppelt so häufig eine ADHS-Diagnose bekommen hatten und mit Methylphenidat behandelt wurden wie die ältesten Kinder. Dieser Effekt zeigte sich stabil und unabhängig davon, ob das Schuljahr im September oder im Dezember begann. Dies zeigt, dass der relative Altersvergleich bei der Diagnosevergabe eine starke Rolle zu spielen scheint: Die vergleichsweise geringere motorische Reife jüngerer Kinder einer Schulklasse scheint als Symptom von ADHS fehlinterpretiert zu werden.

1.2.2 Internalisierende Störungen des Schulalters

Angststörungen

Zu der Gruppe der Internalisierenden Störungen des Kindesalters gehören verschiedene Angststörungen wie die Emotionale Störung mit Trennungsangst, die Phobischen Störungen, die Störung mit sozialer Ängstlichkeit, die Generalisierte Angststörung und Zwangsstörungen.

Karsten, 7 Jahre alt, *Emotionale Störung mit Trennungsangst*

Karsten kommt mit seinen Eltern in eine Familienberatungsstelle. Sie berichten, dass er starke Angst davor habe, nicht bei seiner Mutter zu sein. Um eine Trennung zu umgehen, vermeide er seit einigen Wochen den Grundschulbesuch. Karsten mache sich Sorgen, dass seiner Mutter etwas Schlimmes, beispielsweise ein Autounfall, zustoßen könnte und sie sich nie mehr wiedersähen. Zudem bleibe Karsten nicht gerne allein zuhause und versichere sich ständig, dass die Mutter in seiner Nähe sei. So könne er nicht allein in der ersten Etage in seinem Zimmer sein, während die Mutter im Erdgeschoss ist. Einladungen oder Veranstaltungen mit anderen Kindern vermeide Karsten, weil er dort allein hingehen müsse. Er habe kaum noch soziale Kontakte zu Gleichaltrigen. Karstens Eltern machten sich Sorgen, da er zunehmend traurig und antriebslos wirke.

Typische Merkmale einer *Emotionalen Störung mit Trennungsangst* sind:

- Starke, unrealistische Angst in Erwartung von oder unmittelbar bei einer Trennung von den Eltern
- Große Sorge vor Ereignissen, die eine dauerhafte Trennung bedeuten (z. B. Autounfall der Eltern, Entführung des Kindes)
- Vermeidung, allein zu sein (z. B. abends allein einschlafen, mit Babysitter*in zu Hause bleiben, tagsüber allein zu Hause bleiben, bei Freunden übernachten oder zur Schule gehen)

Die Angst vor einer Trennung kann begleitet werden von einer gereizten, aggressiven oder auch apathischen Stimmung. So kann das Kind weinen, schreien, um sich schlagen oder sich an die Bezugsperson klammern, mit dem Ziel, die anstehende Trennung zu verhindern. Auch körperliche Symptome wie Bauch- oder Kopfschmerzen, Übelkeit bis hin zum Erbrechen können auftreten. Viele dieser Kinder vermeiden den Schulbesuch aus Angst, von der Bezugsperson getrennt zu sein.

Typische Merkmale von *Phobischen Störungen* sind:
- Dauerhafte und starke Ängste, die an ganz bestimmte (spezifische) Situationen gebunden sind
- Körperliche Reaktionen wie Bauchweh, Herzklopfen, Schwitzen
- Vermeidung von Situationen, die die phobische Angst auslösen
- Eine deutliche Beeinträchtigung oder deutliches Leiden aufgrund der Phobie

Kinder und Jugendliche mit einer Phobischen Störung zeigen eine dauerhafte und starke Angstreaktion gegenüber bestimmten Objekten (z. B. Spritzen), Situationen (z. B. Dunkelheit) oder Tieren (z. B. Hunden), von denen keine reale Gefahr ausgeht. Die Gedanken des Kindes kreisen um den phobischen Stimulus und beinhalten häufig die Überzeugung, dass eine Begegnung mit diesem zu persönlichem Schaden führen wird. Die Angst führt üblicherweise dazu, dass die Betroffenen mit der Zeit die gefürchtete Situation vermeiden oder aus dieser flüchten. Man spricht von einer *spezifischen Phobie*. Die häufigsten Inhalte dieser Phobien sind bei Vorschulkindern Angst vor Fremden, der Dunkelheit, lauten Geräuschen, Phantasiegestalten und Tieren, bei Grundschulkindern kommen Ängste vor Unwetter und Naturkatastrophen dazu. Bei den 12- bis 17-Jährigen sind die häufigsten Angstinhalte Blut, Tiere, enge Räume und Höhen.

Lilly, 15 Jahre, *Störung mit sozialer Ängstlichkeit*

Lillys Eltern melden sich beim schulpsychologischen Dienst. Sie berichten, dass ihre Tochter schon immer ein schüchternes Kind gewesen sei. Seit dem Schulwechsel auf die weiterführende Schule sei die Schüchternheit zur Ängstlichkeit geworden. Besonders starke Angst habe Lilly, wenn sie im Mittelpunkt der Aufmerksamkeit stehe und von anderen beobachtet oder bewertet werden könnte, wie bei Gruppenarbeiten oder Referaten. Im Unterricht melde sie sich deshalb kaum, und wenn sie von der Lehrkraft aufgerufen werde, bringe sie oft keinen Ton heraus. Meist erröte sie dann auch stark, was ihr sehr unangenehm sei. Vor anderen zu sprechen oder zu schreiben sei am schlimmsten. In der Nacht vor einem Referat könne sie meist nur mit einem Beruhigungsmittel einschlafen. Sie setze sich selbst unter einen großen Leistungsdruck und erledige Aufgaben mit Perfektion, weil sie sich darum sorge, dass andere sie für dumm halten könnten. Gleichzeitig möchte sie selbstsicher wirken, zeigen was sie kann und Nein sagen können. Abgesehen von einer guten langjährigen Freundin habe sie keine engeren sozialen Kontakte außerhalb der Familie. Lilly selbst sagt, sie hätte gerne mehr Freunde und möchte nicht mehr die „graue Maus" sein.

Typische Merkmale für eine *Störung mit sozialer Ängstlichkeit* sind

- Deutliche Angst, im Zentrum der Aufmerksamkeit zu stehen oder sich peinlich zu verhalten in sozialen Situationen, wie Sprechen vor der Schulklasse, Begegnungen (z. B. Partys, Treffen) oder im Klassenraum
- Vermeidung von interpersonellen Situationen
- Körperliche Anzeichen einer Furchtreaktion, z. B. Erröten oder Zittern, Herzrasen, Übelkeit

Betroffene Kinder und Jugendliche befürchten, sich zu blamieren, vor anderen dumm dazustehen, oder dass andere schlecht über sie denken. In der Regel sind die sozialen Kontakte des Kindes eingeschränkt und soziale Situationen werden vermieden. Hinweise auf diese Angststörung können z. B. Schulverweigerung oder „einsame" Hobbies (z. B. intensives Computerspielen) sein.

Paul, 12 Jahre, *Generalisierte Angststörung*

Paul wird von seinen Eltern bei einem kinder- und jugendpsychiatrischen Dienst angemeldet. Die Eltern schildern, dass sich Paul ständig über die verschiedensten Dinge sorge, die für ein Kind unangemessen seien. Er befürchte, dass seiner Familie oder seinen Freunden etwas zustoßen könnte. Er mache sich große Sorgen, dass er zu spät kommen oder etwas falsch machen könnte, wie seine Hausaufgaben zu vergessen. Auch das Weltgeschehen beschäftige ihn stark, und er grübele, dass es Krieg geben könnte oder die Umwelt verschmutzt werde. Um Paul zu entlasten, halte die ganze Familie Nachrichten (z. B. Tagesschau, Zeitungen) von Paul fern, weil diese typische Auslöser für die Sorgenketten des Jungen seien. Abends könne Paul oft nicht einschlafen, weil er im Bett liege und grübele, was häufig von Bauchschmerzen und Unruhe begleitet werde. Bei seinen Eltern suche Paul regelmäßig die Rückversicherung, dass alles in Ordnung sei und er alles richtig mache. Die Eltern seien mit ihren Nerven am Ende, weil Paul immer wieder das Gleiche frage. In der Schule könne er sich häufig nicht richtig konzentrieren, wodurch sich seine Leistungen im letzten halben Jahr massiv verschlechtert hätten. Paul und seine Eltern betonen, dass sie rasche Hilfe bräuchten, weil mittlerweile das gesamte Familienleben von den Sorgen des Jungen vereinnahmt sei.

Typische Merkmale einer *Generalisierten Angststörung* sind:

- Übermäßig starke und unbegründete Sorgen, die das Kind nicht kontrollieren kann

- Hohes Anspannungsniveau
- Hohes Bedürfnis nach Rückversicherung

Kinder und Jugendliche mit einer Generalisierten Angststörung machen sich übermäßig starke oder unbegründete und nicht kontrollierbare Sorgen über verschiedene alltägliche Dinge. Typisch sind z. B. Sorgen über Kleinigkeiten wie Unpünktlichkeit, Sorgen darüber, sich richtig zu verhalten, gut genug in der Schule oder im Sport zu sein oder genügend Freunde zu haben. Die Kinder haben ein starkes Bedürfnis nach Anerkennung und Rückmeldung über erbrachte Leistungen und ihr Verhalten. Zudem haben Kinder mit einer Generalisierten Angststörung häufig körperliche Symptome der Anspannung, wie Ein- und Durchschlafprobleme, Konzentrationsschwierigkeiten, Muskelverspannungen, Müdigkeit oder Reizbarkeit.

Elias, 14 Jahre, *Zwangsstörung*

Elias wird von seiner Mutter in einer universitären kinder- und jugendlichenpsychotherapeutischen Ambulanz angemeldet. Er beschreibt eine große Angst davor, dass die elektrischen Geräte, wie Mikrowelle, TV oder Mobiltelefone über Nacht oder dann, wenn keiner zu Hause sei, angestellt sein könnten. Elias führe vor der Schule und vor dem Zubettgehen Kontrollgänge durch und schalte die Geräte aus. Diese Kontrollgänge dauerten in der Regel jeweils 1 Stunde, da er mehrfach kontrolliere, ob die Geräte tatsächlich abgestellt oder von der Stromverbindung genommen seien. Wenn er dies nicht kontrolliere, befürchte er, dass es einen Kurzschluss und in der Folge einen Brand geben könne, an dem er schuld sei. Er bekomme große Angst und könne nicht schlafen, wenn er bei den Kontrollgängen unterbrochen werde oder sie „nicht richtig“ ausführe. Von seinen Eltern lasse er sich mehrfach versichern, dass diese ihre Mobiltelefone nicht über Nacht laden würden. Sein Kontrollverhalten sei in den letzten Monaten schlimmer geworden, als er erfahren habe, dass in der Nachbarschaft eine Spülmaschine aufgrund einer defekten Pumpe in Brand geraten sei. Seitdem sorge Elias dafür, dass nachts die Wasch- und Spülmaschine sowie der Trockner vom Stromnetz genommen seien. Er selbst bewertet sein Verhalten als notwendig, um sich und andere Menschen zu schützen. Seine Eltern und seine Freunde haben sein Verhalten erst belächelt. Aktuell bestimmen die sorgenvollen Gedanken und das Kontrollverhalten sein Leben. Er schlafe nicht auswärts, komme regelmäßig zu spät in die Schule und ziehe sich zunehmend von seinen Freunden zurück, da diese ihm sagten, dass er „spinne“.

Typische Merkmale einer *Zwangsstörung* sind:

- Handlungen wie Waschen, Kontrollieren, Ordnen, Berühren, Wiederholen oder Fragerituale, die immer wieder wiederholt werden müssen, um das Eintreten schlimmer Ereignisse zu verhindern (z. B. Hände waschen, um eine tödliche Krankheit zu verhindern)

- Aufdringliche, unwillkürliche Gedanken, bildhafte Vorstellungen oder dranghafte Impulse, die den eigenen Wertvorstellungen widersprechen, unsinnig sind und Angst und Unsicherheit hervorrufen, z.B. „Ich tue meiner Mutter etwas an", „Meine Hände sind voller Krankheitserreger"
- Das Unterlassen der Zwangshandlung führt kurzfristig zu einem starken Anstieg der Angst
- Kontrollrituale kosten viel Zeit
- Hohes Bedürfnis nach Rückversicherung

Zwangsstörungen bestehen in der Regel aus Zwangsgedanken und Zwangshandlungen. Inhalte von *Zwangsgedanken* bei Kindern beziehen sich häufig auf Verunreinigung, Ansteckung mit Krankheiten, Gefahren (Schaden oder Töten), Symmetrie und Genauigkeit. Bei Jugendlichen können außerdem blasphemische oder sexuelle Zwangsgedanken entstehen. *Zwangshandlungen* sind häufig Waschen, Kontrollieren (z.B. in einer ritualisierten Art und Weise prüfen, ob die Haustür abgeschlossen ist), Ordnen (z.B. Farbstifte in einer ganz bestimmten Reihenfolge ordnen, damit Mama nichts passiert), Berühren, Wiederholen oder Fragerituale. Auf den Gedanken „Ich bin verseucht" folgen Waschrituale oder auf den Gedanken „Ich habe etwas falsch gemacht" folgen Kontrollrituale, die mehrfach ausgeführt werden müssen, bis es „sich richtig anfühlt".

Affektive Störungen

Affektive Störungen gehören ebenfalls zu der Gruppe der Internalisierenden Störungen. Zentrales Merkmal ist hier die Veränderung der Stimmung und des Aktivitätsniveaus. Die *Stimmung* kann entweder negativ (depressiv oder gereizt) oder gehoben (manisch) sein. Das *Aktivitätsniveau* kann entweder eingeschränkt (Interessensverlust, Rückzug) oder gesteigert (wenig Schlafbedarf, Tatendrang) sein. Am häufigsten treten insbesondere im Jugendalter negative Stimmungsschwankungen, sogenannte Depressive Episoden auf, während exzessiv gehobene Stimmung, also Manische Episoden, ausgesprochen selten auftreten. Depressive Episoden treten wiederkehrend auf und wechseln sich bei einem kleinen Teil der Betroffenen mit manischen Phasen ab. Der Beginn einer depressiven Stimmung hängt oft mit belastenden Ereignissen oder Situationen zusammen.

Emilia, 17 Jahre, *Major Depression*

Emilia kommt aufgrund von Suizidgedanken mit ihrem Freund in die Notfallambulanz einer Kinder- und Jugendpsychiatrie. Emilia kann nur eingeschränkt an dem Gespräch teilnehmen, da sie sich schwer konzentrieren kann. Motorisch wirkt sie verlangsamt. Sie berichtet stockend, dass sie vor neun Monaten die Schule abgebrochen habe und seitdem nicht mehr wisse, wie es weitergehen solle. Sie sei von der Realschule auf das Gymnasium gewechselt, um das Abitur zu machen. Obwohl sie mit einem sehr guten Realschulabschluss und einer Empfehlung ihrer damaligen Schulrektorin in der neuen Schule gestartet sei, habe sie keinen Anschluss finden können. Sie habe schlechte Noten geschrieben und keine Freunde gefunden. Ihr Interesse an der Schule und auch an anderen Aktivitäten, die ihr eigentlich Freude bereiten, habe sie verloren. Sie sei die ganze Zeit müde und schlafe auch tagsüber häufig. Oft starre sie nur vor sich hin. Manchmal lenke sie sich mit Fernsehen oder ihrem Smartphone ab. Aus ihrem Freundeskreis habe sie sich komplett zurückgezogen. Sie fühle sich als Versagerin und denke häufig an den Tod. Heute habe sie Schlaftabletten schlucken wollen. Im letzten Moment habe sie sich ihrer Mutter anvertraut. Emilia betont, dass sie nicht sterben wolle, aber auch nicht wisse, wie sie weiterleben solle.

Typische Merkmale einer *depressiven Episode* sind:
- Deutliche Niedergeschlagenheit bzw. Traurigkeit (depressive Verstimmung)
- Eingeschränkte Freude, Spaß, Lust und Interesse
- Wenig Tatkraft, rasche Erschöpfbarkeit
- Verlust von Selbstvertrauen

Traurigkeit und die Unfähigkeit, angenehme Erlebnisse als schön zu empfinden, sind häufig die Kernsymptome einer depressiven Erkrankung. Eine Depression kann sich aber gerade im Kindes- und Jugendalter auch durch andere Beschwerden zeigen wie:
- Konzentrationsprobleme
- Reizbarkeit, Streitbarkeit
- Körperliche Symptome wie Kopfschmerzen, Bauchschmerzen oder zu viel oder zu wenig Schlaf

Kinder und Jugendliche mit einer depressiven Erkrankung haben häufig geringere soziale Kompetenzen und mehr zwischenmenschliche Probleme, wie schlechtere Beziehungen zu Gleichaltrigen, den Eltern und Geschwistern und eine geringe Beliebtheit. Sie ziehen sich häufig zurück und haben wenige Hobbies. In der Schule fallen sie durch eine geringe Leistungsfähigkeit und ein schlechtes Konzentrations- und Durchhaltevermögen auf. Einige leiden so stark unter einer depressiven Stimmung, dass Gedanken an den Tod oder daran, besser tot zu sein, auftreten können. Daher muss bei depressiven Erkrankungen in jedem Lebensalter auch die Neigung zur Selbstverletzung oder Selbsttötung berücksichtigt werden.

Suizid im Kindes- und Jugendalter

Suizid ist die zweithäufigste Todesursache von Jugendlichen. Etwa 200 vollendete Suizide pro Jahr werden in Deutschland von jungen Menschen unter 18 Jahren durchgeführt (Ellsäßer, 2014). Suizide, Suizidversuche und Suizidgedanken sind bis zum Alter von 10 Jahren ein äußert seltenes Phänomen. Im Jugendalter steigt die Häufigkeit jedoch deutlich. 39,4 % der Neuntklässler*innen schilderten in einer repräsentativen Befragung von 44.160 deutschen Schüler*innen, irgendwann in ihrem Leben Suizidgedanken gehabt zu haben. 6,5–9 % der 12-Jährigen berichteten von Suizidversuchen. Weibliche Jugendliche üben dabei insgesamt häufiger einen Suizidversuch aus als männliche Jugendliche (Überblick bei Teismann et al., 2016).

Anders als häufig vermutet sind Suizide und Suizidgedanken nicht immer mit einer depressiven Erkrankung verknüpft, sondern können mit vielen unterschiedlichen psychischen Störungen gemeinsam auftreten. Bei einem Teil der Betroffenen treten sie sogar ohne psychische Erkrankung im Kontext psychosozialer Probleme und Krisen auf. Suizidgedanken müssen in jedem Fall ernst genommen werden. Die Mehrzahl der Suizidversuche wird vorher angekündigt. Gleichzeitig gibt es trotz intensiver Forschung keine zuverlässigen Risikomerkmale. Es gibt jedoch typische Verhaltensweisen, die einem Suizid vorausgehen und als mögliche Hinweise gewertet werden könnten. Dazu hat eine US-amerikanische Forschergruppe knapp 700 Fälle von vollendeten Suiziden der 5–14-Jährigen zwischen 2003 und 2012 in 17 US-Bundesstaaten ausgewertet und fand die in Abbildung 2 genannten (unspezifischen) Auffälligkeiten im Vorfeld der Tat (Sheftall et al., 2016). Jede Andeutung ist ernst zu nehmen und verpflichtet zum Handeln. Eine Abklärung der Suizidgefährdung sollte nur durch Expert*innen, z. B. Kinder- und Jugendlichenpsychotherapeut*innen oder Kinder- und Jugendpsychiater*innen erfolgen.

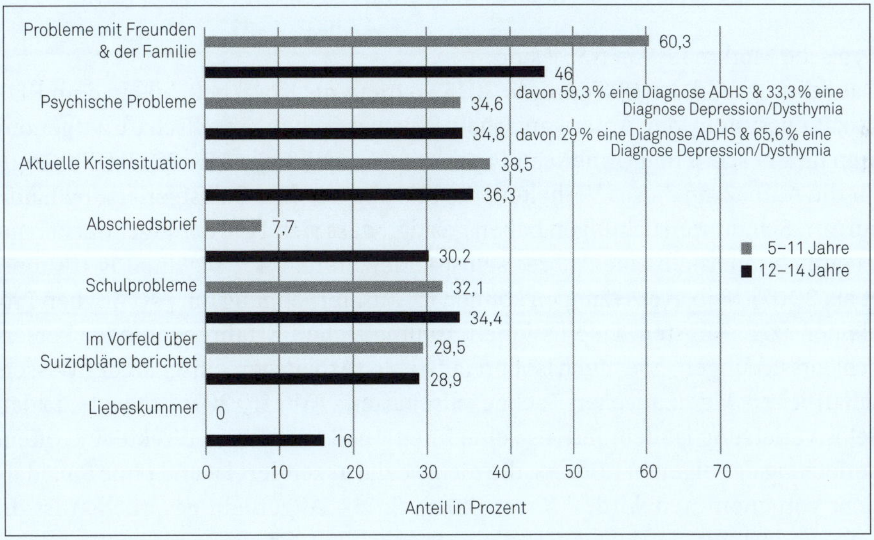

Abbildung 2: Auffälligkeiten, die sich vor einem Suizid bei Kindern und Jugendlichen in einer US-amerikanischen Stichprobe von knapp 700 Fällen zeigten, aufgeteilt in die Altersgruppen 5–11-Jährige und 12–14-Jährige. Diese Auffälligkeiten können als Warnsignale gewertet werden.

Isabelle, 13 Jahre, *nichtsuizidales selbstverletzendes Verhalten (NSSV)*

Der Klassenlehrer von Isabelle lässt sich anonym am Beratungstelefon des städtischen Jugendamts beraten. Nach einem Vieraugengespräch mit der Schülerin macht er sich Sorgen um ihr Wohlergehen bei ihren Eltern. Er berichtet, dass Isabelle seit der Trennung ihrer Eltern bei ihrer Mutter lebe. Sie besuche ihren Vater alle 14 Tage, übernehme dort die häuslichen Aufgaben und versuche, ihren Vater bei Behördenangelegenheiten oder der Arbeitssuche zu unterstützen. Die Eltern würden nach einem jahrelangen Sorge- und Unterhaltsrechtsstreit nicht miteinander sprechen und Isabelle habe die Rolle der „Vermittlerin". Befreundet sei Isabelle mit einer Mitschülerin, bei der sie ab und zu übernachte, wenn ihre Mutter sie „rausgeschmissen" habe. Sie fühle sich in ihrer Lebenssituation überfordert und leide unter den Konflikten mit ihrer Mutter und zwischen ihren Eltern. In stressreichen Situationen, wie bei einem Konflikt, schulischen Anforderungen oder Streit mit ihrer Freundin, verletze Isabelle sich selbst. Isabelles Freundin habe berichtet, Isabelle schließe sich ins Badezimmer ein und schneide sich in ihre Arme. Währenddessen empfinde sie keinen Schmerz, sondern eher Erleichterung und Trost. Sie versorge danach die Wunden, säubere das Bad und die Rasierklinge. In den letzten Monaten müsse sie sich immer häufiger schneiden und habe die Rasierklinge auch in der Schule dabei. Trotz der familiären Belastung sei Isabelle eine gute Schülerin. Den Sportunterricht vermeide Isabelle, und zeige selbstverfasste Entschuldigungen vor, oder komme nicht.

Typische Merkmale von *NSSV* sind:
Das Störungsbild der NSSV wurde 2015 erstmals als Krankheitsbild in dem Klassifikationssystem der Amerikanischen Psychiatrischen Gesellschaft aufgenommen und beschrieben (American Psychiatric Association, APA 2013). Ein Grund für die Aufnahme dieses Verhaltens als Störung ist, dass Selbstverletzung häufig auftritt. Schuluntersuchungen haben gezeigt, dass sich 11 % der Jugendlichen gelegentlich innerhalb eines Jahres selbst verletzen und 4 % regelmäßig (Brunner et al., 2007). Selbstverletzungen können im Zusammenhang mit psychischen Problemen (z. B. Ängsten, Depressionen, traumatischen Erfahrungen oder Persönlichkeitsstörungen) aber auch isoliert auftreten (Arbeitsgemeinschaft der Wissenschaftlichen Medizinischen Fachgesellschaften, AWMF, 2016). Nichtsuizidale Selbstverletzung ist definiert als „eine funktionell motivierte, direkte und offene Verletzung des eigenen Körpers, die nicht sozial akzeptiert ist und ohne Suizidabsicht vorgenommen wird." (Kaess, 2012, S. 21). Allgemein gesprochen ist die Selbstverletzung die einzige Handlungsmöglichkeit für die Betroffenen, in emotional belastenden Situationen mit ihren Emotionen umzugehen, die sie als nicht aushaltbar empfinden. In der Regel spüren die Betroffenen während der Selbstverletzung wenig Schmerz. Folgende sieben Funktionen der Selbstverletzung werden voneinander unterschieden (vgl. Tabelle 2).

Tabelle 2: Sieben Funktionen von selbstverletzendem Verhalten (nach Klonsky, 2007)

1) Affektregulation	Selbstverletzung bringt Erleichterung bei negativen Gefühlen und einem starken Spannungsgefühl
2) Selbstbestrafung	Selbstverletzung als Bestrafung, Ausdruck der Selbstabwertung und Wut gegen sich selbst
3) Beeinflussung Anderer	Suche nach Hilfe oder Manipulation Anderer (z.B. Trennung verhindern)
4) Abgrenzung	Ausdruck von Autonomie („Ich bestimme über mich selbst"), abgrenzen von Anderen und Kontrolle über sich selbst gewinnen
5) Beendigung dissoziativen Erlebens	Zustand von Wahrnehmungsstörungen in Verbindung mit einem traumatischen Erlebnis (vergleichbar mit einem Trance- oder Ohnmachtsgefühl)
6) Beendigung von suizidalen Impulsen	Selbstverletzung ersetzt oder vermeidet den Drang, sich selbst zu töten
7) Suchen nach neuen Reizen (Sensation Seeking)	Selbstverletzung als sehr starker Reiz, um etwas zu erleben (z.B. Aufregung oder Aufheiterung)

Selbstverletzungen können unter anderem mit Problemen in der Schule zusammenhängen. Typisch sind Leistungsschwierigkeiten, Konzentrationsprobleme und soziale Probleme wie Bullying. Diese Probleme können zu Spannungszuständen und emotionaler Überforderung führen, die wiederum Auslöser für selbstverletzendes Verhalten sein können. Auslöser zu erkennen und alternative Bewältigungsstrategien zur Selbstverletzung zu entwickeln, ist Aufgabe der Psychotherapie. Das soziale Umfeld und damit auch die Schule werden bei der Behandlung typischerweise miteinbezogen.

Autismus – Sonderlinge oder Wunderkinder?

Seit einigen Jahren ist ein großes mediales Interesse am Störungsbild Autismus zu beobachten. Menschen mit Autismus werden besondere Fähigkeiten zugesprochen, die sie zum Beispiel zu perfekten, maschinengleichen Arbeitnehmer*innen machen. So schreibt die ZEIT ONLINE[3], dass Unternehmen Millionen von Arbeitsplätzen als Softwaretester*innen für Menschen mit einem Asperger-Syndrom, einer Untergruppe der Autismus-Spektrum-Störung, schaffen. Neben dem medialen Interesse werden die besonderen Eigenschaften und mögliche Fördermaßnahmen für Kinder und Jugendliche mit einer Autismus-Spektrum-Störung

3 Bund, K. (2012). Maschinen sind leichter als Menschen, *ZEIT ONLINE*, 19.09.2018.

zunehmend an Schulen diskutiert. Bei dieser Diskussion könnte man leicht überschätzen, wie häufig diese Störung auftritt: Autismus-Spektrum-Störungen sind relativ selten. Die Auftretenshäufigkeit liegt bei nur 0,6 bis 1,0 %. In der Schule wird am ehesten über eine Autismus-Spektrum-Störung diskutiert, wenn Eltern eine Hochbegabung bei ihrem Kind vermuten oder Kinder durch sonderbares Verhalten, wie ein Interesse für ungewöhnliche Themen, auffallen.

Typische Merkmale einer *Autismus-Spektrum-Störung* sind:

- Überdauernde Defizite in der sozialen Kommunikation und Interaktion über verschiedene Kontexte (z. B. zu Hause, in der Schule) hinweg
- Eingeschränkte, sich wiederholende Verhaltensmuster, Interessen oder Aktivitäten (z. B. sich immer wiederholende Bewegungen, Aufreihen von Spielzeug oder Hin- und Herbewegen von Gegenständen)
- Festhalten an Routinen und ritualisiertem Verhalten ohne Flexibilität
- Typische Verhaltensweisen treten schon in der frühen Kindheit auf und werden besonders deutlich bei sozialen Anforderungen (z. B. in der Schule)

Kinder und Jugendliche mit einer Autismus-Spektrum-Störung fallen durch einen sonderbaren Umgang mit Anderen auf. Die Kinder können emotional-soziale Signale (z. B. Lächeln, Weinen) schwer einschätzen. Sie entschlüsseln den emotionalen Code nicht, der hinter diesen Signalen steht. Ein Lächeln oder Weinen wird nicht als ein Ausdruck von Freude oder Traurigkeit gedeutet, sodass ihre Reaktion (z. B. Starren, nicht Trösten) häufig als sozial unpassend eingeschätzt wird. Die Kinder werden schnell zu Außenseiter*innen und werden immer unsicherer im Kontakt mit anderen Menschen. Außerdem kommt in den meisten Fällen ein Repertoire eingeschränkter, stereotyper, sich wiederholender Interessen und Aktivitäten hinzu. Eine Abweichung von Routinen kann zu Stress und Widerstand bei den Kindern führen.

Das *Asperger-Syndrom* beschreibt in gleicher Weise eine Störung der Kommunikationsfähigkeiten und typische rigide Verhaltensmuster. Diese Untergruppe grenzt sich jedoch in dem Punkt ab, dass bei ihr keine Entwicklungsverzögerung der Sprache oder der kognitiven Fähigkeiten vorliegt. Anders als oft dargestellt besitzen die meisten Menschen mit Asperger-Syndrom keine Inselbegabung oder überdurchschnittliche Intelligenz, sondern eine normale allgemeine Intelligenz, wobei eine motorische Beeinträchtigung (z. B. ungeschicktes Verhalten) typisch ist.

Eine erfolgreiche Beschulung von Kindern und Jugendlichen mit einer Autismus-Störung setzt Grundlagenwissen über die typischen Symptome und das Lernpotenzial voraus. Kinder und Jugendliche mit einer autistischen Störung profitieren stark von vorhersagbaren Abläufen und Verstärkerprogrammen. In der Behandlung wird ein Schwerpunkt auf lerntheoretische Programme gesetzt, in denen alltägliche Abläufe oder sozial-emotionale Reaktionen eingeübt werden. Kinder mit Autismus können neben dem gemeinsamen Unterricht und dem Unterricht in einer integrativen Lerngruppe auch eine Förderschule besuchen. Bei entsprechender Unterstützung sind Kinder mit einer Autismus-Störung weder Sonderlinge noch Wunderkinder, sondern sind wie andere Schüler*innen dazu in der Lage, neue Fähigkeiten zu entwickeln und beschult zu werden. Das Ministerium für Schule und Bildung des Landes NRW beschreibt auf seiner Webseite die Situation für Kinder und Jugendliche mit Autismus im Bildungssystem. Hier werden unter anderem Informationen zu den Richtlinien des Nachteilsausgleichs gegeben und eine Suchfunktion für mögliche Schulen bereitgestellt (https://www.schulministerium.nrw.de/docs/Schulsystem/Schulformen/Foerderschule/Autismus/index.html, abgerufen am 11.7.19).

2 Wie häufig sind Emotionale Störungen und Verhaltensauffälligkeiten im Kindes- und Jugendalter?

Psychische Störungen gehören heute zu den häufigsten Krankheitsbildern in der Bevölkerung. Im Kindes- und Jugendalter sind sie sogar die häufigste Ursache (im Unterschied zu Krebs- und Herz-/Kreislauferkrankungen) für ein Leben mit schwerer Beeinträchtigung oder vorzeitiger Sterblichkeit (Ravens-Sieberer et al., 2007). Internationale Erhebungen zeigen, dass ein Drittel der Bevölkerung mindestens eine psychische Störung im Laufe des Kindes- und Jugendalters entwickelt (Merikangas et al., 2009).

Die BELLA-Studie ist eine repräsentative bundesweite Befragung zur psychischen Gesundheit von Kindern und Jugendlichen. BELLA steht für „**BE**fragung zum see**L**ischen Woh**L**befinden und Verh**A**lten". Diese Erhebung ist ein Teil einer umfassenderen Studie (Kinder- und Jugendgesundheitssurvey, KiGGS) im Auftrag des Bundesministeriums für Gesundheit, die verschiedene Aspekte der körperlichen und psychischen Gesundheit von Kindern und Jugendlichen umfasst. Insgesamt wurden ca. 2.800 Kinder und Jugendliche von 7 bis 17 Jahren und deren Eltern befragt.

In der BELLA-Studie erfüllten 14,5 % der 7 bis 17-Jährigen die Kriterien für mindestens eine spezifische psychische Auffälligkeit im Sinne einer klinisch bedeutsamen Problematik (Ravens-Sieberer et al., 2008). Ängste, Probleme im Sozialverhalten und Depression sind die häufigsten psychischen Auffälligkeiten im Kindes- und Jugendalter. Je nach Alter variieren die Auftretenshäufigkeiten der spezifischen psychischen Probleme (siehe Abbildung 3). Anders als häufig vermutet sind Aufmerksamkeits- und Hyperaktivitätsprobleme nur halb so häufig wie depressive Beschwerden (z.B. anhaltende Traurigkeit), wenn man die gesamte Spanne des Kindes- und Jugendalters betrachtet. Bei Betrachtung einzelner Altersabschnitte variiert die Auftretenshäufigkeit jedoch stark. In Abbildung 3 ist zu erkennen, dass z.B. eine Aufmerksamkeitsproblematik in der Gruppe der 7 bis 10-Jährigen doppelt so häufig ist wie in den Gruppen der 11 bis 17-Jährigen. Die häufigste Störungsgruppe über das gesamte Kindes- und Jugendalter hinweg ist jedoch die der Angststörungen.

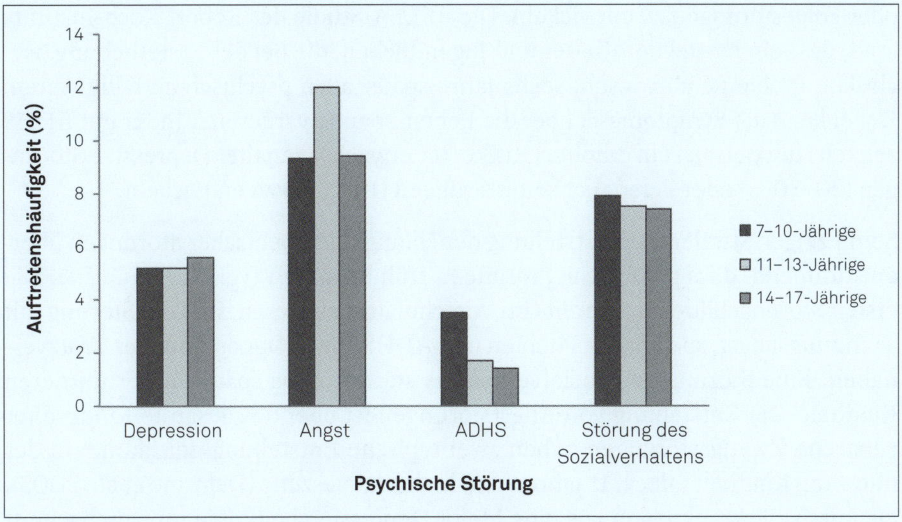

Abbildung 3: Auftretenshäufigkeit (%) der vier häufigsten psychischen Störungsbilder im Kindes- und Jugendalter nach Altersgruppen (BELLA-Studie, Ravens-Sieberer et al., 2007)

Die Anzahl an Kindern und Jugendlichen mit psychischen Problemen spiegelt sich im schulischen Förderbedarf der Kinder. Im Schuljahr 2015/2016 bekamen an den Regelschulen fast 200.000 Schüler*innen sonderpädagogische Förderung. Von diesen Kindern hatten 25 % den Förderschwerpunkt „emotionale und soziale Entwicklung“. In der Gruppe der Kinder mit Förderbedarf liegt die Rate an klinisch relevanten Verhaltensauffälligkeiten besonders hoch (Vrban et al., 2014).

2.1 Beginn und Verlauf psychischer Störungen

Laut einer groß angelegten, repräsentativen Studie aus den USA (National Comorbidity Survey Replication Study) zeigt etwa jeder zweite Mensch irgendwann im Laufe seines Lebens mindestens eine psychische Erkrankung (Kessler et al., 2005). Somit sind psychische Erkrankungen kein seltenes Phänomen. Ein weiteres wichtiges Ergebnis dieser Studie ist, dass psychische Erkrankungen typischerweise zum ersten Mal im Kindes- und Jugendalter auftreten. Mehr als die Hälfte der Erkrankungen tritt vor dem 14. Lebensjahr auf. Der Lebensaltermedian liegt für Angst- und externalisierende Störungen sogar bei 11 Jahren, d.h. dass 50 % der Kinder, die diese Störungen entwickeln, dies bis zum 11. Lebensjahr bereits getan haben. Das Risiko, im Erwachsenenalter erstmals zu erkranken, ist deutlich geringer als im Kindes- und Jugendalter. Psychische Störungen im Kindesalter sind daher DER Schrittmacher für psychische Störungen des Erwachsenenalters. Psychisch erkrankte Kinder haben ein erhöhtes Risiko, an weiteren Störungen zu erkranken oder Folgestörungen zu entwickeln. Die BELLA-Studie des Robert Koch-Instituts fand, dass ein Drittel der Kinder und Jugendlichen, die bei der Ersterhebung psychische Probleme aufwiesen, sechs Jahre später auch psychisch auffällig waren. Dabei kann die Symptomatik über die Lebensspanne variieren. Kinder mit ADHS zeigten zum Beispiel ein erhöhtes Risiko, im Erwachsenenalter Depressive Störungen (20–30 %) oder Persönlichkeitsstörungen (18–25 %) zu entwickeln.

Somit zeigen Studien zur Feststellung der Häufigkeit psychischer Störungen übereinstimmend, dass psychische Störungen früh beginnen (vgl. Abbildung 4). Die ersten Störungsbilder, die bereits im Vorschulalter auftreten, sind die Störung mit Trennungsangst, spezifische Phobien und ADHS sowie Oppositionelles Trotzverhalten. Eine Störung des Sozialverhaltens startet etwas später in der mittleren Kindheit. Die Entstehung von Angststörungen ist über das gesamte Kindesalter verstreut. Zwangsstörungen haben zwei typische Entstehungszeiträume: In der mittleren Kindheit mit ca. 11 Jahren und in der Adoleszenz (Delorme et al., 2005). Depressive Erkrankungen wie eine Major Depression beginnen im Durchschnitt im Alter von 11 bis 14 Jahren (Merikangas et al., 2010).

In welchem Alter treten psychische Störungen auf?

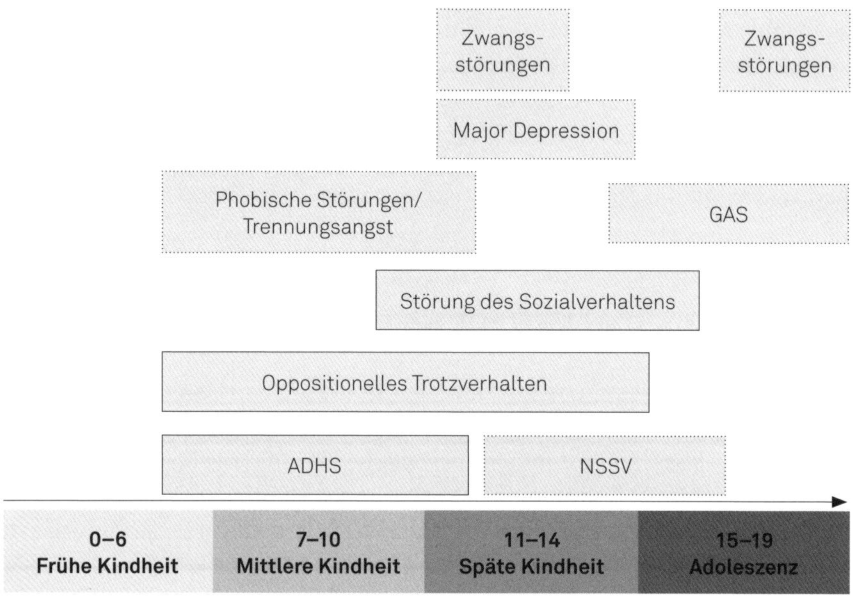

Anmerkung: GAS: Generalisierte Angststörung; ADHS: Aufmerksamkeitsdefizit-/Hyperaktivitätsstörung; NSSV: Nichtsuizidales selbstverletzendes Verhalten

Abbildung 4: Dargestellt ist, in welcher Altersphase welche psychischen Störungen am häufigsten beginnen. Durchgezogene Linien stellen Externalisierende Störungen, gepunktete Linien stellen Internalisierende Störungen dar. Quellen: Delorme, et al., 2005; Kessler, et al., 2005, 2007; Merikangas, et al. 2009, 2010.

Psychische Probleme haben Auswirkungen auf alle Lebensbereiche eines Kindes. Besonders deutlich werden Probleme im sozialen Leben. Kinder und Jugendliche mit einer psychischen Problematik haben häufig Schwierigkeiten, Freund*innen zu finden oder zu halten und sind oft isoliert. 50 bis 70 % der Kinder mit einer psychischen Problematik geben an, dass sie wenige oder keine Freunde haben. Die Gründe für fehlende Freundschaften können je nach Störungsbild variieren. Kinder mit einer Aufmerksamkeitsproblematik wünschen sich häufig mehr Freund*innen. Ihnen stehen allerdings mangelnde soziale Fähigkeiten im Weg, um Freundschaften einzugehen. Der Kontakt wird eher antisozial gestaltet (Schlottke et al., 2018). Ein sozial ängstliches Kind dagegen vermeidet soziale Kontakte. Würde es gefragt, würde es eher sagen, dass es sich keine Freund*innen wünscht. Es befürchtet, dass die anderen es abweisen oder schlecht über es denken oder reden. Es geht daher erst gar keine Freundschaften ein oder hat kein Konzept, wie eine angemessene Annäherung stattfinden könnte. Diesen Kindern gelingt die Ablösung von ihren Eltern im Jugendalter nicht. Oft bleiben sie bis ins Jugend- und Erwachsenenalter hinein abhängig von den Eltern. Besonders Kinder mit einer Angststörung oder einer depressiven Erkrankung leben länger im Haushalt der Eltern und werden später selbstständig als Gleichaltrige ohne psychische Störung.

Nachdem die häufigsten psychischen Störungen im Kindes- und Jugendalter vorgestellt wurden, soll nun die Entstehung von emotionalen Störungen und Verhaltensauffälligkeiten genauer betrachtet werden.

3 Wie entstehen Emotionale Störungen und Verhaltensauffälligkeiten im Kindes- und Jugendalter?

Die Entstehung psychischer Störungen ist ein komplexes Zusammenspiel verschiedener Faktoren und es gibt dafür nicht die eine Ursache. Stattdessen wirken beim Menschen seine Veranlagung, ungünstige Umwelterfahrungen und sein Umgang mit herausfordernden, schwierigen Situationen zusammen. Um die Entstehung psychischer Probleme zu verstehen, ist es daher wichtig, zwischen der Veranlagung

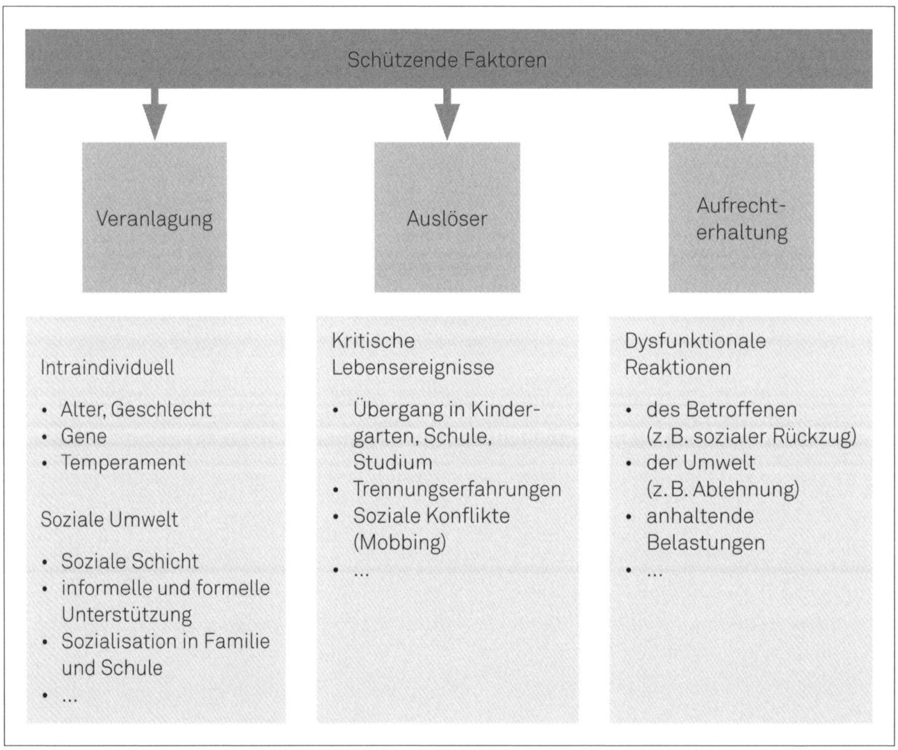

Abbildung 5: Allgemeines Erklärungsmodell psychischer Störungen, adaptiert nach Margraf (2018)

eines Kindes, auslösenden belastenden Situationen sowie Verhaltensweisen des Kindes und seinen Lebensbedingungen, die die psychischen Beschwerden aufrechterhalten, zu unterscheiden (vgl. Abbildung 5). Zum Ausbruch von psychischen Beschwerden kommt es, wenn eine kritische Schwelle an Belastungen überschritten wird. Da alle Menschen immer wieder belastenden Ereignissen ausgesetzt sind, entscheidet letztendlich der *Umgang* mit belastenden Lebenssituationen und den daraus resultierenden psychischen Beschwerden darüber, ob eine manifeste psychische Störung entsteht und aufrechterhalten bleibt.

Beispiel: Alle Kinder und Jugendlichen sind regelmäßig schulischen Belastungen ausgesetzt, aber sie reagieren darauf unterschiedlich: Fängt jemand nach einem Misserfolg an, neue Perspektiven zu suchen? Oder zieht sich ein Kind zurück und fühlt sich hilflos oder schuldig? Wehrt sich ein Kind gegen einen Bullying-Angriff oder verhält es sich wehrlos? Die Veranlagung des Kindes oder Jugendlichen (z. B. ängstliches oder gehemmtes Temperament) und die Reaktion auf Belastungen (z. B. ängstlicher Rückzug) entscheiden darüber, ob ein Kind psychisch krank wird.

3.1 Veranlagung und Anfälligkeit für psychische Störungen

Was verstehen wir unter Veranlagung? Jedes Kind erbt bzw. erwirbt in den ersten Lebensjahren eine individuelle Neigung, auf belastende Ereignisse zu reagieren. Manche Kinder reagieren auf Anforderungen mit Motivation und Durchhaltevermögen, andere mit Stress und Angst. Um diese Unterschiede zu verstehen, müssen die genetische Ausstattung und die frühen Lernerfahrungen des Kindes inner- und außerhalb der Familie berücksichtigt werden. Diese Faktoren bestimmen im Zusammenspiel miteinander einerseits die Entwicklung von Fertigkeiten und Einstellungen und andererseits die Entwicklung von Verhalten.

3.1.1 Genetische Veranlagung

Jedes Kind erbt von seinen Eltern einzigartige genetische Anlagen. Diese bestimmen nicht nur körperliche Merkmale wie Größe oder Haarfarbe, sondern auch das Temperament und Verhaltensweisen. Manche dieser vererbten Merkmale können den Umgang mit Kindern erschweren, manche aber auch erleichtern. Ein Kind, das durch ein offenes und ruhiges Temperament im Vergleich zu einem aufbrausenden, ungeduldigen Temperament charakterisiert ist, wird es in der Schule und im Umgang mit Gleichaltrigen leichter haben und wird auch in kritischen Situationen vermutlich zuversichtlicher sein. In der Psychologie existieren mehrere Konzepte zur Unterscheidung verschiedener Temperamentsdimensionen (vgl. Zentner & Bates, 2008). Eine zentrale Forschungsfrage, die in diesem Kontext untersucht wird, ist, ob bestimmte Temperamentsdimensionen überzufällig häufig mit Emotionalen Störungen und Verhaltensauffälligkeiten zusammenhängen.

Schwieriges, langsam auftauendes oder einfaches Temperament

Schon im ersten Lebensjahr lassen sich Temperamentsunterschiede wie Ablenkbarkeit, Aktivität, Annäherung/Rückzug, Anpassungsfähigkeit, Aufmerksamkeitsdauer, Reaktionsintensität, sensorische Empfindlichkeit (z.B. starke Reaktion auf auditive, visuelle, taktile Reize), Stimmungslage und Tagesrhythmus bei Kindern beobachten. In prospektiven Längsschnittstudien, die Kinder ab dem ersten Lebensjahr regelmäßig untersuchen, zeigt sich, dass diese Temperamentsdimensionen stark vereinfacht in folgende Temperamentstypen unterteilt werden können:

Das *einfache* Kind, das regelmäßige biologische Funktionen (regelmäßigen Schlaf-Wach-/Essrhythmus) und eine gute Anpassungsfähigkeit an Veränderungen zeigt, sich unbekannten Situationen gut annähern kann sowie über eine ausgeglichene und i.d.R. positive Stimmung verfügt.

Das *langsam auftauende* Kind, das zur Vermeidung in neuen Situationen und von unvertrauten Menschen neigt, sich nur langsam an neue Gegebenheiten anpasst und eher einen unregelmäßigen Ess- und Schlafrhythmus sowie ein geringes Aktivitätsniveau zeigt.

Das *schwierige* Kind, das durch unregelmäßige biologische Funktionen und langsame Anpassungsfähigkeit an Veränderungen charakterisiert ist, unvertraute Situationen und Personen vermeidet und eine hohe Reaktivität sowie vorwiegend negative Stimmung zeigt.

In Längsschnittstudien zeigt sich, dass das schwierige Temperament häufig ein Vorläufer für die o.g. Externalisierenden Störungen ist, während das langsam auftauende Kind ein typischer Vorläufer für die o.g. Internalisierenden Störungen ist.

3.1.2 Erlernte Veranlagung

Kinder lernen von Geburt an, und dies ist sicher der wichtigste Mechanismus für die Entwicklung von normalem und abweichendem Modellverhalten. Die Familie ist der Ort, an dem Kinder erste Lernerfahrungen machen. Auf dieser Basis entwickeln sie eigene Verhaltensweisen und vor allem auch Strategien für den Umgang mit schwierigen Lebenssituationen und Problemen. Aufbauend auf und abhängig von diesen Erfahrungen entwickeln sie mehr oder weniger Selbstbewusstsein und die Zuversicht, Probleme selbst meistern zu können. Je älter Kinder werden, desto größer wird der außerfamiliäre Einfluss. Dazu zählen besonders Freund*innen und Gleichaltrige sowie die Schule und Medien. Auch hier kann ein Kind geeignete und funktionale Strategien erwerben, um mit schwierigen Lebenssituationen und Problemen umzugehen. Auf diesen Kompetenzen baut ein gesundes Selbstvertrauen und Selbstbild auf, das dem Kind hilft, schwierige Situationen im Leben zu meistern.

Wie lernen Kinder? – Die wichtigsten Lernprinzipien

Kinder sind exzellente Lerner*innen! Unter Lernen wird eine auf Erfahrung basierende, dauerhafte Veränderung im Verhaltensrepertoire eines Menschen verstanden (Rinck, 2016). In der Psychologie werden die folgenden verschiedenen Lernprinzipien unterschieden:

Modelllernen: Das Modelllernen oder auch Beobachtungslernen genannt, wurde lange Zeit in der Psychologie negiert. Erst durch die Arbeiten des Stanford-Professors und Psychologen Albert Bandura wurde Modelllernen als wichtiger Prozess für den Erwerb komplexer Verhaltenssequenzen in den Fokus weiterer Forschungsarbeiten gestellt. Bandura konnte in einer Serie von Studien dokumentieren, dass Kinder mehr aggressives Verhalten zeigen, wenn sie vorab andere Personen (Kinder/Erwachsene) gesehen hatten, die sich gewalttätig und aggressiv verhalten hatten. Die Studien von Bandura wiesen aber auch darauf hin, dass das Beobachtungsmedium dabei egal war: Das Verhalten wurde von den Kindern nachgeahmt, unabhängig davon, ob es real, per Video oder gar in einem Trickfilm gezeigt wurde. Dieses Ergebnis ist insbesondere in der heutigen Zeit, in der Schüler*innen einen hohen Internet-/Video-Konsum aufweisen, von besonderer Bedeutung.

Ein dem Modelllernen sehr ähnlicher Lernprozess ist das Instruktionslernen. Im Unterschied zum Modelllernen findet hier Lernen anhand verbaler oder schriftlicher Instruktionen statt. Verschiedene psychologische Studien haben gezeigt, dass Einstellungen, Emotionen und Verhaltensweisen auch über verbale oder schriftliche Äußerungen der Eltern oder anderer Bezugspersonen erworben werden können.

Klassische Konditionierung: Hierunter wird verstanden, dass ein neutraler Reiz (z. B. das Schulklingeln) das Auftreten eines wichtigen anderen Reizes (z. B. Unterricht beginnt) voraussagt. Das Erlernen von Signalen ist ein zentraler Lernprozess, der bei vielen Verhaltensweisen und psychischen Störungen eine bedeutsame Rolle einnimmt. Dieser Lernprozess spielt bei Angststörungen eine wichtige Rolle und ist dort auch besonders gut untersucht. Wird ein Kind, das bislang angstfrei mit Hunden gespielt hat, von einem Hund gebissen, wird es in Zukunft bei der Begegnung mit Hunden Angst vor einem erneuten Hundebiss zeigen und mit hoher Wahrscheinlichkeit eine Phobie vor Hunden entwickeln.

Operante Konditionierung: Dieser Lernprozess beschreibt, dass die Häufigkeit, mit der ein bestimmtes Verhalten von einem Kind gezeigt wird, durch die auf das Verhalten folgende Konsequenz gesteuert wird. Ein Verhalten kann verstärkt werden und dann häufiger auftreten oder ein Verhalten wird bestraft und tritt dann seltener auf. Wird ein Kind für die Beteiligung am Unterricht gelobt (positiv verstärkt), wird es sich in Zukunft häufiger am Unterricht beteiligen. Wird das Kind für eine Beteiligung am Unterricht getadelt oder von den Mitschüler*innen ausgelacht (bestraft), wird es sich vermutlich seltener am Unterricht beteiligen. Das Lernen aus Konsequenzen ist ein gut untersuchter Lernprozess, der in vielen Eltern- und Schulprogrammen zur Veränderung von Emotionalen Störungen und Verhaltensproblemen zum Einsatz kommt.

Fazit

Vorexistierende genetische/körperliche und psychische Merkmale machen das Auftreten einer Störung möglich bzw. wahrscheinlicher. Grundsätzlich kann zwar so gut wie jedes Kind eine Angststörung oder eine ADHS entwickeln, aber eben nicht mit der gleichen Wahrscheinlichkeit. Manche Kinder sind aufgrund ihrer genetischen und/oder erlernten Veranlagung anfälliger für psychische Probleme, andere dagegen resistenter.

3.1.3 Risikofaktoren, die eine psychische Erkrankung begünstigen

Wir möchten hier noch einen weiteren Begriff, den Begriff des Risikofaktors einführen, der eng mit dem oben beschriebenen Faktor der Anfälligkeit oder Veranlagung verwandt ist. Risikofaktoren sind Einflussgrößen, die die Wahrscheinlichkeit, dass es zu einer Entwicklungsabweichung oder psychischen Störung kommt, erhöhen. Risikofaktoren sind somit in gewisser Weise die Bestandteile, aus denen sich die Anfälligkeit eines Kindes für eine psychische Störung zusammensetzt. Es wird grundsätzlich zwischen kindbezogenen (z. B. Temperament, Geschlecht) und umgebungsbezogenen Risikofaktoren (z. B. Rauchen während der Schwangerschaft, elterliche psychische Befindlichkeit, Armut) unterschieden. Für die Anfälligkeit eines Kindes, eine psychische Störung zu entwickeln, ist weniger die Art, sondern die Anzahl der Risikofaktoren, denen ein Kind ausgesetzt ist, entscheidend. Je mehr Risikofaktoren das Kind ausgesetzt ist, umso größer ist die Wahrscheinlichkeit, dass das Kind eine psychische Störung entwickelt. Zu einem sprunghaften Anstieg (um das Zehnfache) für die Entwicklung einer psychischen Störung kommt es, wenn Kinder vier und mehr Risikofaktoren ausgesetzt sind (Rutter, 1989). Die WHO hat in einem Bericht zu Risikofaktoren von psychischen Störungen die wichtigsten zusammengefasst (WHO, 2004). Im Folgenden ist eine Auswahl der für psychische Störungen des Kinder- und Jugendalters relevanten Risikofaktoren aufgelistet:

- Elterliche psychische Erkrankung oder Drogenkonsum (auch während der Schwangerschaft)
- Kindesmisshandlung und -vernachlässigung
- Chronische Müdigkeit
- Somatische Faktoren (Chronische Erkrankungen und Schmerz, körperliche Behinderung)
- Aufmerksamkeitsdefizite und Leseschwierigkeiten
- Emotionale Unreife
- Soziale Defizite
- Familienkonflikte
- Einsamkeit
- Niedriger sozioökonomischer Status (SÖS)
- Stressige Lebensereignisse und Verlusterfahrungen

Hauptrisikofaktoren für die Entwicklung einer psychischen Störung bei Kindern und Jugendlichen sind eine eigene chronische körperliche Erkrankung oder eine chronische Erkrankung eines Elternteils sowie ein niedriger sozioökonomischer Status. In der vom Robert Koch Institut durchgeführten BELLA-Studie wurde deutlich, dass in Deutschland unter den Kindern mit psychischen Beschwerden 30 % einen körperlich chronisch erkrankten Elternteil hatten und 25 % in Familien mit einem niedrigen SÖS lebten. Zu dem SÖS gehört der Bildungsstatus und

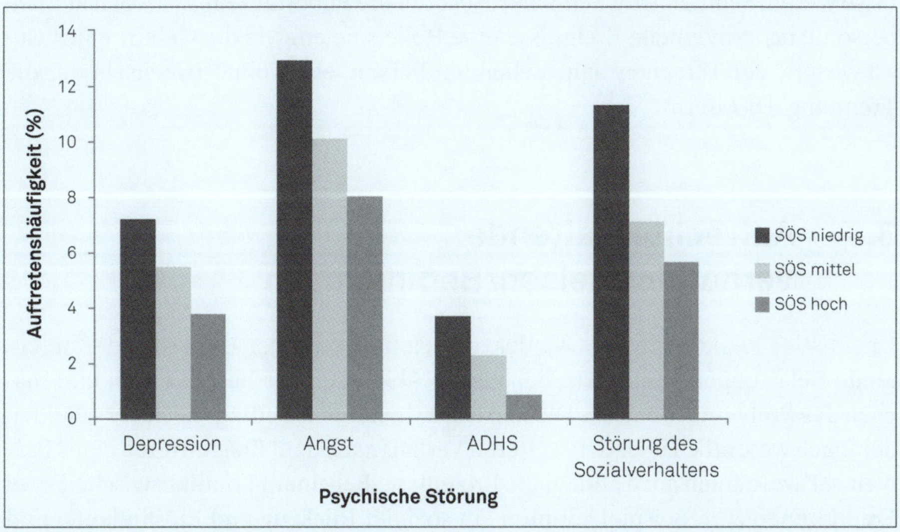

Abbildung 6: Auftretenshäufigkeit (%) der vier häufigsten psychischen Störungsbilder im Kindes- und Jugendalter nach sozioökonomischem Status (SÖS) (BELLA-Studie, Ravens-Sieberer et al., 2007)

die berufliche Tätigkeit der Eltern sowie das Haushaltseinkommen. Aus der Verteilung der Häufigkeit psychischer Störungen der BELLA-Studie lässt sich ein Zusammenhang zwischen sozialer Ungleichheit und dem Auftreten psychischer Störungen entnehmen. Die Autor*innen sprechen von einem sozialen Gradienten: Kinder aus Familien mit niedrigem SÖS sind deutlich häufiger von psychischen Störungen betroffen als Kinder aus Familien mit einem mittleren bzw. hohen SÖS (siehe Abbildung 6).

Auch familiäre Konflikte und elterliche Stressbelastungen (z. B. alleinerziehend, finanzielle Sorgen, hohe Arbeitsbelastung) sind besonders häufig in Familien mit einem psychisch auffälligen Kind zu finden.

3.2 Auslösende Bedingungen

Vor dem Hintergrund der gerade beschriebenen individuellen Veranlagung (Vulnerabilität) lösen psychische, körperliche oder soziale Bedingungen (Belastungen, Erfahrungen, Ereignisse, „Stress“) das erste Auftreten von psychischen Beschwerden und Problemen aus. Halten die ursprünglich auslösenden Belastungen an, so können sie darüber hinaus die Probleme aufrechterhalten und so dazu beitragen, dass die Beschwerden chronisch werden. Traumatische Erfahrungen wie ein Unfall, lebensbedrohliche Krankheit oder Misshandlung und Missbrauch stehen im Zusammenhang mit der Ausbildung psychischer Erkrankungen. Auslösende Bedingungen im Kindes- und Jugendalter können aber auch normative Lebensereignisse wie ein Schuleintritt, Schulwechsel oder die Pubertät sein. Daneben können persönliche individuelle Ereignisse eine Rolle spielen, wie die Geburt eines Geschwisters, der Tod einer nahestehenden Person, ein Wohnortwechsel oder die Trennung der Eltern.

3.3 Aufrechterhaltende Verhaltensweisen/Bedingungen

Ungünstige Reaktionen (des Kindes, der Familie oder der Umwelt) oder anhaltende Belastungen verhindern das rasche Abklingen der Beschwerden und machen das Problem chronisch. Die aufrechterhaltenden Bedingungen entscheiden demnach wesentlich über den weiteren Verlauf nach dem Erstauftreten eines Problems. Dazu zählen auch alltägliche Ereignisse. Bei einem Konflikt zwischen zwei Freundinnen zum Beispiel könnten ein sozialer Rückzug und Einsamkeits- und Schuldgefühle eine negative Spirale aus negativem Denken, mangelnden positiven sozialen Erfahrungen und negativer Stimmung hervorbringen. Auf Seiten der Eltern könnte ein stetiges Einmischen in persönliche Angelegenheiten des Kindes

(„Ich rede mal mit der Mutter") die Entwicklung von Bewältigungsstrategien für interpersonelle Konflikte des Kindes behindern, da das Kind keine Problemlösefertigkeiten entwickeln kann.

Bullying in der Kindheit – Soziales Gerangel oder ein unterschätztes Risiko mit schweren Folgen?

Bullying[4] beschreibt, wenn eine Person systematisch und über längere Zeit schädigenden Handlungen und Schikanen von einer einzelnen Person oder einer Gruppe ausgesetzt ist. Diese Handlungen können körperlich oder verbal sein sowie direkt (z.B. Beschimpfen) oder indirekt (z.B. Gerüchte verbreiten). Die Handlungen sind absichtsvoll, wiederholen sich und können nur auf der Grundlage eines ungleichen Machtverhältnisses stattfinden. Bullying findet auch über soziale Netzwerke wie über die Online-Plattformen Facebook, YouTube oder Twitter statt. Dieses Cyberbullying unterscheidet sich inhaltlich nicht von Schikanen in der realen Welt. Ein wichtiger Unterschied ist jedoch, dass die Attacken nicht zeitlich begrenzt sind (z.B. mit dem Schulschluss aufhören), sondern bis zu 24 Stunden pro Tag stattfinden können und Täter*innen eine größere Gruppe an Zuschauer*innen einbeziehen können. Anders als häufig vermutet, tritt direktes Bullying jedoch nach wie vor deutlich häufiger auf als Cyberbullying (Kranhold et al., eingereicht).

Wichtig

Etwa 25% aller Kinder und Jugendlichen werden auf die eine oder andere Art Opfer von Bullying. Bullying ist somit ein häufiges Phänomen, das im Kindes- und Jugendalter primär in der Schule stattfindet.

Untersuchungen zur Häufigkeit und dem Verlauf zeigen, dass Bullying im frühen Grundschulalter besonders häufig stattfindet, sich danach stabilisiert und im frühen Jugendalter noch einmal ansteigt. Insgesamt scheinen Mädchen weniger häufig von Bullying betroffen zu sein als Jungen. In Ländern, die eine größere ökonomische Ungleichheit zwischen reich und arm zeigen (z.B. USA, Türkei, Israel), findet sich mehr Bullying als in Ländern, die eine geringere ökonomische Ungleichheit aufweisen wie etwa Schweden, Norwegen oder Dänemark.

Bullying wird teilweise noch immer als normales soziales Gerangel gebilligt und das Ausmaß der Folgen für die Opfer nicht anerkannt. Fakt ist jedoch, das

4 Häufig wird in diesem Zusammenhang der Begriff „Mobbing" verwendet. Dieser von dem Verhaltensbiologen Konrad Lorenz eingeführte Begriff beschreibt jedoch das Schutzverhalten einer Gruppe von Vögeln (Mob), um gemeinsam den Nachwuchs vor einem Angreifer (Raubvogel) zu schützen. In der Forschung hat sich daher der Begriff Bullying durchgesetzt, da er eindeutig ein aggressiv-schädigendes Verhalten gegenüber einer anderen Person in einer unterlegenen Machtposition beschreibt.

Bullying in der Kindheit einer der stärksten und nachhaltigsten Risikofaktoren für psychische Erkrankungen über die gesamte Lebensspanne ist. Dies sind alarmierende Befunde. Dem steht gegenüber, dass Bullying oft als ein von jeher bekanntes Phänomen unter Kindern und Jugendlichen legitimiert und nicht als unmoralisch oder als Verletzung der Rechte anderer eingeordnet wird. In einigen Fällen wird dem Kind, das Bullying-Opfer wird, sogar eine Mitschuld gegeben durch ein seltsames Verhalten oder Aussehen.

Was sind die kurz- und langfristigen Folgen von Bullying? Die neuesten Erkenntnisse auf diesem Gebiet kommen von einer Forschergruppe aus Großbritannien, auf denen die Informationen in diesem Abschnitt basieren (für mehr Informationen siehe u.a. Wolke und Lereya (2015) oder unter http://www.escap.eu/research/bullying/wolke-interview-german). Die von Bullying betroffenen Opfer zeigen ein niedriges Selbstbewusstsein, eine Neigung zur Selbstverletzung, suizidale Gedanken und Handlungen sowie Symptome von Depression und Angst. Auch Schulvermeidung ist eine typische Folge von Bullying. Eine aktuelle Befragung unter britischen Schüler*innen hat gezeigt, dass 16.000 Kinder und Jugendliche zum Zeitpunkt der Befragung nicht zur Schule gehen, weil sie dort Opfer von Bullying werden. Auch die langfristigen Folgen sind alarmierend: Bei Opfern von Bullying besteht eine sechsfach erhöhte Wahrscheinlichkeit, im Erwachsenenalter an einer psychischen Störung zu leiden, im Vergleich zu Personen, die im Kindes- und Jugendalter nicht schikaniert wurden.

Beim Bullying werden drei Gruppen von Betroffenen voneinander unterschieden: Täter*in, Opfer und Täter-Opfer.

*Täter*in:* Bei den Täter*innen handelt es sich meist um dominante, sozial anerkannte Kinder/Jugendliche, die die Emotionen Anderer gut erkennen und geschickt agierend andere Kinder/Jugendliche für ihre Interessen einsetzen. Die Forschung zeigt, dass sich Bullying für die Täter*innen „lohnt“: Im Gegensatz zu ihren Opfern zeigen sie keine psychischen Auffälligkeiten, stattdessen sind sie gesund, populär, verfügen über ein hohes Selbstbewusstsein und haben oft einen hohen sozialen Status bei ihren Mitschüler*innen und den Lehrkräften. Zumindest für die westlichen Industrienationen kann resümiert werden, dass andere zu schikanieren viele Vorteile bringt und keine Kosten hat. Bullies führen über die Kindheit und Jugend hinweg bis ins Erwachsenenalter ein gutes Leben und sind beliebt.

Wie können diese dem intuitiven Fairnessgefühl widersprechenden Befunde erklärt werden? Bullying findet sich in allen Gesellschaften; sowohl in Jäger-Sammler-Gesellschaften als auch in der Antike. Bullying kann als eine evolutionäre Adaptation betrachtet werden. Diese verfolgt das Ziel, einen hohen Status und damit Dominanz zu erreichen, Zugang zu Ressourcen zu gewinnen, Überleben sicherzustellen, Stress zu reduzieren und Zugang zu Sexualpartner*innen zu erreichen. Im Sinne des Darwin'schen Grundprinzips „Survival of the Fittest" zielt Bullying somit darauf ab, die eigenen Interessen und das eigene Fortkommen durchzusetzen. So kann auch erklärt werden, warum attraktive und sympathische Kinder und Jugendliche Bullying-Opfer werden: Sie sind für Bullying-Täter*innen eine soziale Bedrohung.

Opfer: Typischerweise werden Kinder und Jugendliche, die schnell emotionale Reaktion wie Weinen, Weglaufen oder Hilflosigkeit auf Bullyingverhalten zeigen, zu Bullying-Opfern. Auch Kinder, die sich zwar wehren, aber nicht ausreichend sozial unterstützt werden, werden rasch zu Opfern. Es gibt nichts, was sie aus eigener Kraft dem Bullying entgegensetzen können. Sie sind alleine, werden von der Gruppe ausgeschlossen und können somit leicht Außenseiter*innen werden. Sie wehren sich kaum, ziehen sich zurück und werden im Unterschied zur Täter-Opfer Gruppe selbst keine Täter*innen (vgl. Täter-Opfer Gruppe).

Wichtig

Nicht äußerliche Merkmale wie rote Haare, Brille, Zahnspange, Kleidung, Körperpflege oder körperliche Behinderung entscheiden darüber, ob ein Kind Bullying-Opfer wird. Es sind primär die Reaktionen auf Bullying-Attacken bzw. die soziale Position der Kinder und Jugendlichen, die sie zum Opfer machen. Somit können auch gutaussende, attraktive Kinder und Jugendliche zu Opfern werden, wenn sie eine Bedrohung für den sozialen Status von Täter*innen darstellen und wenig soziale Unterstützung haben (z.B. neu in der Klasse sind).

Im Unterschied zu Täter*innen haben Bullying-Opfer sehr hohe Kosten. Sie zeigen Ängste, depressive Symptome, selbstverletzendes Verhalten und vermehrte Gedanken an den Tod bzw. Suizidversuche. Gemeinsam mit diesen Symptomen ist meist ein deutlicher Leistungsabfall zu beobachten.

Täter-Opfer: Kinder und Jugendliche, die Opfer von Bullying geworden sind, haben ein doppelt so hohes Risiko, selbst Bullying-Täter*innen zu werden. Kinder dieser Gruppe versuchen, nachdem sie selbst Opfer von Bullying-Attacken wurden, erfolglos andere zu schikanieren, um die Opferrolle loszuwerden, z.B. in dem sie im Auftrag von Bullying-Täter*innen handeln. Andere Kinder erkennen jedoch die untergeordnete soziale Stellung des Täter-Opfers und fangen möglicherweise auch an, sie zu schikanieren. Für Kinder in der Täter-Opfer-Gruppe besteht in der Regel keine Möglichkeit, sich der Außenseiterrolle zu entziehen. Sie haben das höchste Risiko, eine psychische Störung zu entwickeln und zeigen dabei wie die Täter*innen aggressives Verhalten und wie die Opfer Internalisierende Probleme (z.B. Niedergeschlagenheit und Angst) gleichzeitig.

Kinder und Jugendliche, die Opfer oder Täter-Opfer sind, sprechen in der Regel nicht über ihr Leid. Zum einen aus Angst, dass sie erneut alles durchleben müssen wenn die Eltern oder die Lehrkraft das Problem offenlegen, und noch mehr Personen von den Vorfällen erfahren. Zum anderen, weil sie befürchten, dass sie noch stärker von den Täter*innen attackiert werden, wenn diese erfahren, dass das Opfer sich einem Erwachsenen anvertraut hat. Ein anderes Motiv könnte sein, dass sie ihren Eltern keine Sorgen machen wollen und sich schämen oder sich selbst die Schuld geben.

Die Schule ist der Ort, an dem im Kindes- und Jugendalter Bullying am häufigsten auftritt – dies ist kein Zufall. Bullying tritt immer in Situationen auf, in denen das Individuum nicht frei wählen kann, mit welchen anderen Gleichaltrigen es zusammen sein möchte. Während der Schulzeit ist ein Kind mit anderen Gleichaltrigen auf engstem Raum zusammen und in dieser Zeit muss es seinen sozialen Platz behaupten. Ist das Kind gut integriert, wird diese Zeit als positiv und bereichernd erlebt, wird das Kind jedoch abgelehnt und schikaniert, erlebt es den Klassenraum als qualvoll, aus dem es kein Entrinnen gibt. Hier gilt, dass sowohl Schikaniertwerden als auch Ignoriertwerden schmerzhafte Erfahrungen sind. Schulen und Lehrkräfte sind daher an dieser Stelle besonders gefordert, um Bullying frühzeitig aufzudecken und sehr eindeutig als inakzeptables Verhalten zu deklarieren. *Die Opfer selbst haben keine Möglichkeit, diese Rolle loszuwerden.* Jedes Verhalten des Opfers wird von den Täter*innen erneut dazu genutzt werden, sie weiter zu schikanieren. *Nur die soziale Gruppe, zu der auch Lehrkräfte gehören, kann die Schikane beenden.*

3.4 Gesundheitsfördernde und schützende Bedingungen

In der Forschung zu psychischen Störungen wurde über lange Zeit hinweg versucht, psychische Probleme ausschließlich über „pathogene“, also gestörte und von der normalen Entwicklung abweichende Prozesse zu beschreiben. Heute wissen wir aber, dass gesundheitsfördernde Faktoren wie soziale Unterstützung durch Bezugspersonen und Freund*innen, tragfähige Beziehungen, emotionale Stabilität (vgl. einfaches Temperament), gute Problemlösefähigkeiten, hohe soziale Kompetenz und gute Kommunikationsfertigkeiten, aber auch soziale Gleichheit einer Gesellschaft, das Individuum vor der Entwicklung psychischer Störungen schützen können. Schutzfaktoren entkräften die Wirkung von Risikofaktoren und bestehen daher per Definition schon vor dem Beginn einer psychischen Erkrankung. Sie gehören somit zu den Ressourcen eines Kindes.

Eine der berühmtesten Studien zu diesem Thema zeigte, dass Kinder trotz mehrerer Risikofaktoren psychisch gesund bleiben können, wenn schützende Bedingungen dagegen wirken. In der bekannten „Kauai Studie“ wurden 72 Kinder auf der hawaiianischen Insel Kauai über drei Jahrzehnte wissenschaftlich begleitet

(Werner, 1997). Die Kinder waren vier oder mehr Risikofaktoren ausgesetzt, z. B. Armut, familiärem Stress, genetischer Vorbelastung, Schwangerschafts- oder Geburtskomplikationen, traumatischen Ereignissen und elterlichen psychischen Erkrankungen. Die Forscher*innen beobachteten, dass Kinder, die die im Folgenden aufgelisteten Merkmale aufwiesen, seltener psychische Probleme entwickelten als Kinder, die diese Merkmale nicht aufwiesen:

- Eine enge Beziehung zu einer verlässlichen Bezugsperson, die ein gutes Rollenmodell darstellt (auch außerhalb der Familie)
- Außerschulische Aktivitäten
- Eine gute Schulbildung der Mutter
- Ein kompetenter Umgang der Mutter mit ihrem Kind

Die Kinder entwickelten sich trotz der schwierigen Lebensumstände psychisch gesund bis ins Erwachsenenalter hinein. Diese Ergebnisse sind größtenteils auf Deutschland übertragbar. Auch hier zeigten sich in der BELLA-Studie Faktoren wie beständige Beziehungen in der Familie, Freund*innen und ein positives Selbstbild als besonders schützend (Wille et al., 2008a, 2008b).

Fazit

Zusammenfassend lässt sich sagen, dass psychische Störungen bei einer negativen Balance zwischen gesundheitsfördernden, schützenden (salutogenen) Faktoren einerseits und pathogenen Faktoren andererseits entstehen. Schutzfaktoren können dabei auf alle drei der zuvor beschriebenen Faktoren Veranlagung, Auslöser und Aufrechterhaltung einwirken. In der Schule gibt es viele Möglichkeiten, schützende Bedingungen für Kinder zu schaffen. Die Schule kann zum Beispiel ein sicherer Ort mit Freund*innen sein, an dem man geschätzt und gefördert wird.

3.5 Goodness of Fit – Die Passung zwischen Veranlagung und Umwelt

Das Ehepaar Stella Chess und Alexander Thomas führte das noch heute wichtige Konzept des Goodness of Fit ein (Chess & Thomas, 2013). Die beiden Psychologen wollten darauf aufmerksam machen, dass ein Kind sich dann optimal entwickelt, wenn sein angeborenes Temperament und seine Motivation gut mit den Erwartungen, Anforderungen und Möglichkeiten seiner Umwelt zusammenpassen. Während diese Passung zunächst in den ersten Lebensmonaten primär auf die Eltern und deren soziales Umfeld beschränkt ist, kommt auch hier mit zunehmendem Alter der Schule eine wichtige Rolle zu.

Beispiel 1: Ein Baby mit niedrigem Geburtsgewicht und schwierigem Temperament, das häufig und anhaltend schreit sowie unregelmäßig schläft, wird sich trotz der schwierigen Startbedingungen bei Eltern, die dem Kind eine klare Tagesstruktur bieten und einfühlsam auf die kindlichen Bedürfnisse eingehen können, gut und altersadäquat entwickeln können. Trifft dieses Kind auf Eltern, denen es nicht gelingt, klare Strukturen und die notwendige Feinfühligkeit für das kindliche Verhalten zu zeigen, ist dieses Kind einem erhöhten Risiko ausgesetzt, sich wenig regulieren zu können und z. B. eine Externalisierende Störung (ADHS oder Aggressive Verhaltensstörung) zu entwickeln.

Beispiel 2: Ein Kind mit einem zurückhaltenden, schüchternen Temperament wird Selbstbewusstsein erwerben, wenn es in einer kleinen Schulklasse unterrichtet wird und seine Lehrkraft die Schüchternheit des Kindes erkennt: Sie kann ihm behutsam die Gelegenheit geben, das Sprechen vor anderen Kindern einzuüben und sich zu behaupten. Dadurch kann das Kind seine Schüchternheit überwinden. Trifft das gleiche Kind auf eine große Schulklasse und eine Lehrkraft, die es in der Schulklasse unbegleitet oder unvorbereitet in den Mittelpunkt der Aufmerksamkeit stellt, oder nicht erkennt, dass das schüchterne Kind von anderen Schüler*innen geärgert wird, ist dieses Kind einem erhöhten Risiko ausgesetzt, eine Internalisierende Störung zu entwickeln (Angststörung oder Depression).

Beispiel 3: Ein Kind mit Lernschwäche (z. B. Rechtschreibstörung oder Rechenstörung) hat einen schwierigeren Start in die Schule als Kinder, die die Anforderungen der Schule auf Basis ihrer Fähigkeiten erfüllen können. Trotzdem freuen sich Kinder mit Lernschwierigkeiten auf ihre Schulzeit. Diese Freude und Leistungsbereitschaft wird wahrscheinlich erhalten, wenn Lehrkräfte für seine Leistung individuelle Ziele und Maßstäbe festlegen. Gleichzeitig könnte das Kind davon profitieren, dass neben seiner Leistungsfähigkeit andere Eigenschaften von der Umwelt wahrgenommen werden, wie Hilfsbereitschaft, Teamgeist oder Talente wie Sportlichkeit und Kreativität. Trifft dieses Kind auf eine Lernumgebung, in der seine Leistung an der des Klassendurchschnitts gemessen wird, wird es in seiner persönlichen Lernentwicklung frustriert. Werden andere Ressourcen nicht erkannt, könnte dies zur Folge haben, dass das Kind ungern zur Schule geht und Lernen als sinnlos und unbefriedigend erlebt. Bei steigendem Leistungsdruck könnte das Kind eine psychische Störung entwickeln, da es sich selbst nicht in der Lage sieht, die Anforderungen zu erfüllen und sich als Person abwerten könnte (soziale Angst, insbesondere Prüfungsangst oder Depression).

Orchideen- und Löwenzahn-Kinder

Eine klassische Erklärung von psychischen Erkrankungen ist, dass diese durch *negative* Umweltfaktoren und vererbte Faktoren wie *ungünstiges* Temperament entstehen. Jedoch musste in den letzten zwei Jahrzehnten diese Erklärung erweitert werden. In vielen Untersuchungen konnte gezeigt werden, dass Gene nicht „schlecht“ oder „gut“ sind. Vielmehr konnten Gene identifiziert werden, die den Genträger *anfällig* oder *resistent* für den Einfluss von Umweltbedingungen machen (Belsky et al., 2007). Die genetische Ausstattung eines Menschen scheint somit zu bestimmen, ob ein Mensch mehr auf Umwelteinflüsse reagiert oder sich vergleichsweise unbeeinflusst von Umweltbedingungen entwickelt. Kinder, die ein „Anfälligkeits-Gen“ tragen, nennt man Orchideen-Kinder (Boyce & Ellis, 2005), da sie unter vernachlässigenden Umweltbedingungen verkümmern, aber in einer umsorgenden Umgebung aufblühen und ihr ganzes Potenzial entfalten. Kinder, die nicht Träger eines Anfälligkeits-Gens sind, werden Löwenzahn-Kinder genannt. Sie gedeihen unabhängig von der Qualität ihrer Umgebung und sind daher vergleichsweise robust. Allerdings profitieren sie auch weniger von positiven Umwelteinflüssen als die Orchideen-Kinder. Die Theorie der Orchideen- und Löwenzahn-Kinder hilft zu erklären, warum manche Kinder stark von unterstützenden Hilfsangeboten (z. B. Lernhilfen, positivem Schulklima) in der Schule profitieren, während andere Kinder kaum auf psychosoziale Interventionen reagieren.

3.6 Das Schulklima – Risiko und Chance an einem Ort

Kinder verbringen einen Großteil ihrer Kindheit und Jugend in der Schule. Entsprechend bedeutsam ist das Schulklima für ihre Entwicklung. Das Schulklima wird beschrieben als die Qualität des Unterrichts und des sozialen Alltags in der Schule. Es kann sowohl unterstützend als auch schädlich auf das Wohlbefinden der Kinder wirken. Ein *gutes* Schulklima unterstützt die soziale und emotionale Entwicklung von Kindern sowie ihre Leistungsfähigkeit. Es sorgt außerdem dafür, dass sich Kinder und Lehrkräfte an der Schule sicher fühlen. Dazu ist wichtig, dass soziale Werte und Regeln wie gewaltfreie Konfliktlösung und gegenseitige Unterstützung kommuniziert werden. In einem guten Schulklima vertrauen sich Lehrkräfte und Kinder gegenseitig und haben den Eindruck, dass sie die gleichen Ziele verfolgen. Kinder erleben, dass ihre Lehrkraft das Beste für sie will und sie auch in schwierigen Situationen fördert und an sie glaubt. Außerschulische Aktivitäten, gemeinschaftliches Gestalten des Unterrichts oder der Lernumgebung sowie der Einbezug von Eltern in schulische Aktivitäten schafft ein Gefühl der Verbundenheit (Lester & Cross, 2015; Suldo et al., 2012). In einem *schlechten* Schulklima fühlen sich Kinder unsicher und kennen ihre Ziele und die Erwartungen der Lehrkräfte nicht. Untereinander stehen die Kinder und Jugendlichen im Wettbewerb um soziale Anerkennung und Leistung. Bullying und gewaltsame Konflikte entstehen innerhalb dieses Klimas häufiger. Ein schlechtes Schulklima steht im Zusammenhang mit der Entstehung emotionaler Probleme wie Ängsten oder depressiver Stimmung.

Eine gelungene Sozialisation in den Schulalltag kann zu einem Ausgleich der Gesundheitschancen beitragen. Um diese Chance zu nutzen, bietet sich ein Fragebogen-Test an, mit dem das Klassen- und Schulklima gemessen wird. Der Linzer Fragebogen zum Schul- und Klassenklima ist ein Beispiel für einen kurzen Test (LFSK 4-8; Eder & Mayr, 2000; LFSK 8-13; Eder, 1998). Hier werden u. a. das Ausmaß an Gerechtigkeit, der Rivalität in der Klasse sowie die eigene Bereitschaft, am Unterricht teilzunehmen, erfasst. Auch eine Einschätzung des Lehrerverhaltens, wie fördernd, unterstützend oder kontrollierend das Verhalten wahrgenommen wird, wird erfragt. Nach der Auswertung erhält man ein Klimaprofil für jedes einzelne Kind. Die Lernumwelt kann auf dieser Basis angepasst und verbessert werden.

4 Hilfe bei Emotionalen Störungen und Verhaltensauffälligkeiten

In Deutschland sind 33 % der Kinder, die akut psychisch erkrankt sind, und 64 % der Kinder mit einer anhaltenden psychischen Erkrankung in Behandlung (BELLA-Studie, Ravens-Sieberer et al., 2007). Das bedeutet im Umkehrschluss, dass in etwa die Hälfte der Kinder mit einer behandlungsbedürftigen psychischen Erkrankung nicht in psychotherapeutischer oder kinder- und jugendpsychiatrischer Behandlung ist. Die Inanspruchnahme insbesondere psychotherapeutischer Unterstützung steigt mit dem Sozialstatus der Eltern. Die Behandlungsquote ist außerdem höher bei Störungsbildern mit einer deutlich *sichtbaren* Symptomatik (z. B. externalisierend oder sehr stark beeinträchtigend). Lehrkräfte können neben Kinder- und Hausärzt*innen eine wichtige Rolle in der Früherkennung und Beratung für besorgte Eltern einnehmen. Im Folgenden werden Möglichkeiten der Früherkennung ausgehend vom schulischen Kontext bis hin zur Beratung und Behandlung von Schüler*innen mit psychischen Störungen dargestellt. Wie man stufenweise vorgehen kann, wenn ein Verdacht auf eine psychische Problematik besteht, ist in Tabelle 3 zusammengefasst.

Tabelle 3: Stufenweises Vorgehen bei Verdacht auf Vorliegen einer psychischen Problematik

Stufe 1: Beobachten	• Verhalten systematisch protokollieren • Hinweise beschreiben: Werden Leistungsfähigkeit oder Wohlbefinden beeinträchtigt?
Stufe 2: Erkennen	• Beratung einholen (Beratungslehrkraft) • An Diagnostikstelle verweisen (z. B. schulpsychologische Beratung)
Stufe 3: An Experten verweisen	• Beratungsstelle • Psychotherapeutische Sprechstunde • Psychotherapie • Fachärztliche Behandlung
Stufe 4: Kooperieren	• Austausch mit Behandlungsteam • Arbeiten an gemeinsamen Zielen (z. B. Verstärken von Melden in der Klasse)

4.1 Psychologische Beratung in der Schule

In einigen Bundesländern stehen in den Schulen *Beratungslehrkräfte* zur Verfügung. Sie sind Expert*innen der psychosozialen Beratung an Schulen. Ihre einjährige Weiterbildung kombiniert Fachwissen aus der Jugendhilfe und der Sozialarbeit. Sie haben die Aufgabe, Schüler*innen und Erziehungsberechtigte über präventive und fördernde Maßnahmen, beispielsweise im Hinblick auf die Lösung von Lern- und Verhaltensproblemen und die Förderung besonderer Begabungen, zu beraten. Eine weitere Aufgabe von Beratungslehrkräften ist die kollegiale Beratung zur Vorbeugung und Bewältigung von Lern- und Verhaltensproblemen sowie darin begründeten Konflikten in der Schule. Sie bilden häufig die Verbindung zu außerschulischen Einrichtungen, der schulpsychologischen Beratung oder der Jugendhilfe.

Die Schulpsychologie ist der *psychologische Fachdienst der Schulen* und unterstützt Schüler*innen, ihre Eltern, Lehrkräfte, Schulleitungen, Schulaufsicht, Schulverwaltung und gesetzgebende Gremien. Die Schulpsychologie basiert auf verschiedenen Disziplinen der Psychologie wie der Entwicklungspsychologie, der Klinischen Psychologie, der Gesundheitspsychologie, der Organisationspsychologie sowie den Sozialwissenschaften und den Neurowissenschaften. Schulpsycholog*innen sind mit dem Schul- und Bildungssystem des jeweiligen Bundeslandes, den Bedingungen der Schulen vor Ort und den regionalen psychosozialen Infrastrukturen vertraut und bilden somit die Schnittstelle zwischen Schule und klinisch-psychologischer Versorgung.

Übergeordnete Aufgaben von Schulpsycholog*innen sind:
1) Schulen und Eltern in ihrem Bildungs- und Erziehungsauftrag zu beraten
2) Schüler*innen zu unterstützen, sich in ihrer Persönlichkeit zu entwickeln sowie einen adäquaten Schulabschluss und eine altersgerechte Teilhabe am gesellschaftlichen Leben zu erreichen.

Die Schulpsychologie in Deutschland verfügt trotz struktureller Unterschiede (z.B. unterschiedliche Schwerpunkte in der Weiterbildung) in den einzelnen Bundesländern und Regionen über ein einheitliches Berufsprofil. Schulpsycholog*innen erwerben in der Regel pädagogische, psychotherapeutische, systemische oder organisationspsychologische Zusatzqualifikationen. Fundierte Kenntnisse über psychische Störungen, die Gutachtenerstellung und die Gesprächsführung ergänzen die Fachkompetenzen. Grundsätzlich ist schulpsychologische Beratung von Schüler*innen, Eltern, Lehrkräften, Schulleitung und Schulaufsicht

- direkt,
- freiwillig,
- kostenfrei,
- schweigepflichtig und
- am Anliegen des Ratsuchenden orientiert.

Die Beratung findet in Einzelgesprächen oder in Form eines runden Tischs mit Eltern und Lehrkräften statt. Die Schulpsychologie arbeitet mit anderen Beratungsdiensten für Kinder und Jugendliche, Eltern und Schulen zusammen, beispielsweise mit den örtlichen Familien- und Erziehungsberatungsstellen, an die sich Eltern wenden können, wenn es um konkrete Erziehungsfragen geht. Nicht jede Schule verfügt über eine/n Schulpsycholog*in. Aktuelle Kontaktadressen sind online verfügbar (schulpsychologie.de).

Präventionsprogramme: Die Qual der Wahl

Beratungslehrer*innen sind häufig die ersten Ansprechpersonen für Programme, die übergreifend im Klassen- oder gesamten Schulverband durchgeführt werden, um allen Schüler*innen Zugang zu Fördermaßnahmen zu geben. Präventionsprogramme rund um das Thema psychische Gesundheit von Kindern und Jugendlichen sollen Emotionale und Verhaltensprobleme verhüten, bevor sie auftreten (primäre Prävention), sich verschlimmern (sekundäre Prävention) oder negative Folgen haben (tertiäre Prävention). In Deutschland werden Präventionsprogramme am häufigsten in Schulen von Lehrkräften durchgeführt (ca. 70 %) und richten sich an die Kinder selbst oder an die Eltern. Der Durchführungszeitraum umfasst eine große Spanne (1 Tag – 3 Jahre), wobei die meisten ca. 10 Termine umfassen. Nahezu alle Bereiche rund um das Schulleben sind mit Präventionsprogrammen abgedeckt. Auch für Emotionale und Verhaltensprobleme gibt es spezielle Programme, wie etwa für Bullying-, Stress-, Gewalt- oder Suchtprävention sowie zur Förderung psychosozialer Kompetenz oder zur Unterstützung einzelner Gruppen wie sozial benachteiligter Kinder. Bei den vielfältigen Möglichkeiten ist die Frage, welches Programm zu der jeweiligen Situation und Zielgruppe passt. Denn nicht alles, was in guter Absicht entwickelt wurde, ist auch wirksam. Eine aktuelle Überblicksarbeit (Beelmann et al., 2014) zeigt, dass z. B. internalisierende Probleme wie sozial unsicheres Verhalten, Depression oder Ängste weniger bei Kindern auftraten, die an einem Präventionsprogramm teilgenommen hatten, als bei Kindern, die nicht teilnahmen. Dabei hielten aber nicht alle positiven Ergebnisse auch über die Zeit hinweg an. Andere Programme haben hingegen eine positive Wirkung auf das Wissen von Kindern, zeigen aber keine Veränderung auf der Verhaltensebene. Wiederum andere Programme zeigen gar keine Wirkung. Bevor ein Präventionsprogramm durchgeführt wird, sollte daher die Wirksamkeit wissenschaftlich überprüft sein, um nicht unnötig Zeit und Ressourcen einzusetzen. Orientierungshilfe bei der Auswahl geeigneter Programme bietet die Online-Datenbank „Grüne Liste Prävention“ (CTC, 2018, www.gruene-liste-praevention.de). Hier werden die in Deutschland angebotenen Präventionsprogramme aufgelistet und bewertet, in wie weit sie wissenschaftlich als wirksam überprüft wurden. Außerdem finden sich für jedes gelistete Programm Informationen zu Inhalt, Umsetzung, Ansprechpartnern und weiterführender Literatur.

4.2 Psychologische Beratung außerhalb der Schule

Psychologische Beratung wird für verschiedenste Probleme und Krisensituationen angeboten. Ziel aller Beratungsangebote ist es, kurzfristig zu unterstützen, eine schwierige Situation zu meistern oder an ein geeignetes Diagnostik- bzw. Behandlungsangebot weiter zu verweisen. Psychologische Beratung wird i.d.R. in Beratungsstellen angeboten. Finanziert werden diese im Sinne einer kommunalen Daseinsfürsorge von Bundesländern, Kommunen oder Landkreisen ergänzt durch Eigenmittel der jeweiligen Träger (z.B. Spenden, Kirchenkollekte, Vermögenserträge). Für Eltern und Kinder ist diese Beratung damit kostenlos. Es gibt psychologische Beratungsstellen, die auf Probleme und Krisen in Familien spezialisiert sind. Man findet sie unter den Begriffen „Beratung für Kinder, Jugendliche und Eltern" oder „Ehe-, Familien- und Lebensberatung". Themen können sowohl Konflikte in der Familie als auch Hilfe in Erziehungsfragen oder Emotionale Probleme und Verhaltensauffälligkeiten der Kinder sein. Beispiele dafür sind: Bettnässen, Schlafprobleme, Ängste, extreme Schüchternheit, Trotzverhalten, Geschwisterrivalität, Schule schwänzen, Stehlen, Drogenkonsum, Selbstverletzungen oder Verdacht auf sexuellen Missbrauch. Sowohl besorgte Eltern als auch Jugendliche können sich an diese Beratungsstellen wenden. Die Beratung kann anonym erfolgen. Eine Beratung ist auch am Telefon oder online möglich. Im Einzelfall arbeiten Beratungsstellen bei Bedarf mit anderen Fachdiensten (z.B. der Jugendhilfe oder dem Gesundheitswesen) zusammen. Sollten die Probleme möglicherweise durch eine psychische oder organische Krankheit verursacht werden, wird in der Beratungsstelle empfohlen, sich zusätzlich zur Beratung an einen Sozialpsychiatrischen Dienst oder ärztliche bzw. psychotherapeutische Fachleute zu wenden. Kontaktadressen sind über den „Beratungsführer online" (dajeb.de) der Deutschen Arbeitsgemeinschaft für Jugend- und Eheberatung (DAJEB), gefördert durch das Bundesministerium für Familie, Senioren, Frauen und Jugend, zu erhalten.

Neben Beratungsstellen bieten auch psychotherapeutische Praxen oder Ambulanzen Beratungsgespräche an. Ein Beispiel hierfür ist der Krisendienst am Zentrum für Kinder- und Jugendpsychologie der Ruhr-Universität Bochum (http://www.kli.psy.ruhr-uni-bochum.de/fbz/kiju-zpt/kiju-krisen.html).

Das Angebot richtet sich an Kinder und Jugendliche, die
- Anzeichen einer psychischen Belastung bemerken (Reizbarkeit, Überlastung, Traurigkeit),
- Familiäre oder andere Beziehungskonflikte haben,
- Traumatische Ereignisse erleben oder beobachten mussten,
- in eine Lebenssituation geraten sind, aus der sie keinen Ausweg finden

und Eltern, die eine entsprechende Veränderung bei ihren Kindern oder Jugendlichen wahrnehmen und sich über Unterstützungsmöglichkeiten informieren möchten.

4.3 Wenn psychologische Beratung nicht ausreicht: Der Weg in die Psychotherapie

Von der psychologischen Beratung ist die Psychotherapie zu unterscheiden.

Definition

Psychotherapie wird definiert als ein bewusster und geplanter Prozess zur Beeinflussung von Verhaltensstörungen und Leidenszuständen, die in einem Konsensus zwischen Patient*in, Therapeut*in und Bezugsgruppe für behandlungsbedürftig gehalten werden. Dieser Prozess wird mit psychologischen Mitteln, durch Gespräche und praktische Übungen, in Richtung auf ein definiertes, nach Möglichkeit gemeinsam erarbeitetes Ziel durchgeführt. Typische Ziele sind eine Reduktion der Symptome und/oder Veränderungen der Persönlichkeitsstruktur (Strotzka, 1975).

Psychotherapie hilft bei der Heilung oder Linderung psychischer Beschwerden von Krankheitswert und ist damit keine Beratungstätigkeit, sondern eine Tätigkeit im Rahmen der Heilkunde. Es ist es sinnvoll, Kontakt zu einem/einer Psychotherapeut*in aufzunehmen, wenn Eltern den Eindruck haben, dass ihr Kind unter psychischen Problemen leidet, die es allein nicht in den Griff bekommt. Dies gilt im Besonderen dann, wenn sich die Beschwerden schon über längere Zeit hinziehen oder wenn sie sich verschlimmern.

4.3.1 Wer behandelt was? Psycholog*in, Psychotherapeut*in, Psychiater*in

Die drei P-Berufe werden häufig synonym verwendet, dabei unterscheiden sie sich erheblich voneinander. Alle drei Berufsgruppen haben zwar Gemeinsamkeiten, unterscheiden sich aber in ihren Grundberufen (Psychologie vs. Medizin) und in ihrer Funktion für die hilfesuchende Person. Die folgenden Begriffserklärungen sollen helfen, den richtigen Ansprechpartner zu finden.

4.3.2 Psycholog*in

Ein*e Psycholog*in hat das Studium der Psychologie an einer Universität erfolgreich durchlaufen. Das wissenschaftliche Studium wird mit einem Bachelor oder/und Master of Science (früher Diplom) abgeschlossen und bescheinigt den Absolvent*innen, dass sie ein breites psychologisches Wissen über verschiedene Disziplinen der Psychologie erworben haben. Häufig arbeiten Psycholog*innen in Kliniken, Beratungsstellen, Verwaltungen, Hochschulen, Personalabteilungen von Betrieben oder als Selbstständige (mehr Infos unter: https://studium.dgps.de/

startseite/). Der Abschluss eines Psychologiestudiums berechtigt jedoch noch nicht zur Ausübung von psychotherapeutischer Heilkunde. Hierzu ist eine weitere postgraduale Ausbildung in Psychotherapie notwendig.

4.3.3 Kinder- und Jugendlichenpsychotherapeut*in, Psychologische*r Psychotherapeut*in

Speziell für die Psychotherapie im Kindes- und Jugendalter gibt es den Beruf der Kinder- und Jugendlichenpsychotherapeut*in. Diese Berufsgruppe sollte aufgrund ihrer spezifischen Ausbildung erste Ansprechperson bei psychischen Störungen dieser Altersgruppe sein. Dieser Beruf wird sowohl von Psycholog*innen als auch von Pädagog*innen und Sozialarbeiter*innen ausgeübt. Darüber hinaus gibt es den Beruf der/des Psychologischen Psychotherapeut*in. Angehörige dieser Berufsgruppe dürfen ebenfalls Kinder und Jugendliche mit psychischen Störungen behandeln. Anders als bei Kinder- und Jugendlichenpsychotherapeut*innen ist diese Ausbildung jedoch primär auf psychische Erkrankungen des Erwachsenenalters ausgerichtet und der Beruf wird ausschließlich von Psycholog*innen mit einem universitären Psychologiestudium durchgeführt. Beide Psychotherapieberufe haben zusätzlich zu ihrem fünfjährigen Universitätsstudium eine 3 bis 5-jährige postgraduale psychotherapeutische Ausbildung mit Approbation (staatliche Anerkennung zur Berufsausübung) abgeschlossen. Die von ihnen durchgeführte Psychotherapie wird von der Krankenkasse bezahlt. Kinder und Jugendliche mit psychischen Störungen und ihre Eltern wenden sich direkt an die Psychotherapeut*in, eine ärztliche Überweisung ist nicht notwendig. Kinder- und Jugendlichenpsychotherapeut*innen bzw. Psychologische Psychotherapeut*innen widmen sich ausschließlich der Psychotherapie und verschreiben keine Medikamente, auch stellen sie keine Gutachten zur Arbeitsfähigkeit bzw. Krankschreibung aus. Leistungen zur Soziotherapie, Rehabilitation und Krankenhausbehandlung sowie Krankentransporte dürfen sie jedoch verordnen. Der Beruf der Kinder- und Jugendlichenpsychotherapeut*in bzw. der Psychologischen Psychotherapeut*in ist seit dem 1. Januar 1999 durch das Psychotherapeutengesetz geregelt. Die Berufsbezeichnungen „Kinder- und Jugendlichenpsychotherapeut“ bzw. „Psychotherapeut“ sind titelgeschützt, sodass diese nur nach Erhalt einer Approbation benutzt werden dürfen. Der Begriff „Psychotherapie“ ist dagegen nicht geschützt und kann von anderen Berufsgruppen, z. B. der Heilpraktik genutzt werden.

4.3.4 Kinder- und Jugendpsychiater*in, Psychiater*in

Kinder- und Jugendpsychiater*innen oder Psychiater*innen haben ein Medizinstudium absolviert. Kinder- und Jugendpsychiater*innen haben im Unterschied zu Psychiater*innen eine spezifische fachärztliche Weiterbildung zur Behandlung psychischer Störungen im Kindes- und Jugendalter absolviert, daher sollten diese die ersten ärztlichen Ansprechpartner*innen bei psychischen Problemen im Kindes- und Jugendalter sein. Kinder- und Jugendpsychiater*innen betrachten psychische Erkrankungen möglicherweise mehr aus einer medizinisch-organischen Perspektive und können im Unterschied zu Kinder- und Jugendlichenpsychotherapeut*innen organische Ursachen für die Beschwerden des Kindes ausschließen bzw. einordnen. Der Erwerb psychotherapeutischer Kompetenzen nimmt im Rahmen der Weiterbildung zur Kinder- und Jugendpsychiater*in eine deutlich geringere Rolle ein als in der Ausbildung der Kinder- und Jugendlichenpsychotherapeut*innen. Der Schwerpunkt in der Weiterbildung liegt stattdessen in der medizinisch-organischen Betrachtungsweise von psychischen Störungen und der Wirkweise von Medikamenten (Psychopharmaka). Kinder- und Jugendpsychiater*innen sind befugt, Psychopharmaka zu verschreiben und Psychotherapien durchzuführen. Dies ist an den Bezeichnungen „Fachärzt*in für Psychiatrie und Psychotherapie“ oder „Fachärzt*in für Psychotherapeutische Medizin“ zu erkennen.

Wer eine Psychotherapie für Kinder oder Jugendliche sucht, sollte darauf achten, dass die Therapeut*innen eine Approbation besitzen, erkennbar durch die Titel

- „Kinder- und Jugendlichenpsychotherapeut*in“, Hochschulabschluss Psychologie, Pädagogik oder verwandtes Fach.
- „Psychologische*r Psychotherapeut*in“, evtl. mit Zusatzqualifikation Kinder- und Jugendlichenpsychotherapie, Hochschulabschluss Psychologie.
- „Ärztliche*r Kinder- und Jugendpsychotherapeut*in“, Hochschulabschluss Medizin.

4.3.5 Wie finde ich eine Psychotherapie?

Falls die Kontaktdaten von Kinder- und Jugendlichenpsychotherapeut*innen bekannt sind, können diese direkt kontaktiert werden. Es ist keine ärztliche Überweisung notwendig. Wenn keine Kontaktdaten bekannt sind, stellen u. a. Krankenkassen, die Kassenärztlichen Bundesvereinigungen (KBV; http://www.kbv.de), die Bundespsychotherapeutenkammer (BPtK; https://www.bptk.de) und Landespsychotherapeutenkammern z. B. für NRW (https://www.ptk-nrw.de) oder der Psychotherapie-Informations-Dienst (PID; https://www.psychotherapiesuche.de) Adresslisten bereit, auf denen approbierte Psychotherapeut*innen genannt sind. Auf den Listen der Krankenkassen sind sogenannte Vertragsbehandler*innen aufgeführt. Es handelt sich dabei um Kinder- und Jugendlichenpsychotherapeut*innen und Kinder- und Jugendpsychiater*innen, die von den Kassen anerkannt sind, womit eine Kostenübernahme durch die gesetzliche Krankenkasse grundsätzlich möglich ist.

Der *Psychotherapie-Informations-Dienst* (PID) wird von der Deutschen Psychologen Akademie bereitgestellt, die die Bildungseinrichtung des Berufsverbandes Deutscher Psychologinnen und Psychologen e.V. (BDP) ist. Dieser Suchdienst hat im Vergleich zu den anderen oben genannten Quellen einige Vorteile. Neben der Online-Suche wird auch eine telefonische Beratung angeboten (030/2 09 16 63 30). Neben den Kontaktdaten von Psychotherapeut*innen deutschlandweit werden auch Informationen zu Psychotherapieverfahren, dem Ablauf einer Therapie, der Kostenübernahme, Therapien in einer Fremdsprache oder zu rechtlichen Fragen gegeben.

4.4 Ablauf einer Kinder- und Jugendlichenpsychotherapie

Wenn eine Kinder- und Jugendlichenpsychotherapeut*in gefunden ist, wird zunächst ein erster Gesprächstermin vereinbart, für eine psychotherapeutische Sprechstunde, in der abgeklärt wird, ob ein Verdacht auf eine krankheitswertige Störung vorliegt. Wenn dies der Fall ist, werden weitere Gespräche geplant, die dem Kennenlernen und der Diagnostik dienen. Dazu stehen 2 bis 6 Sitzungen zur Verfügung, die von der Krankenkasse ohne vorherigen Antrag übernommen werden. Eine Sitzung dauert 50 Minuten. Diese Sitzungen werden probatorische (probeweise) Sitzungen genannt.

Was sind probatorische Sitzungen?

Damit die Krankenkasse die Kosten für die Psychotherapie übernimmt, muss der*die Kinder- und Jugendlichenpsychotherapeut*in in den ersten probatorischen Sitzungen klären,

- ob eine Störung mit Krankheitswert vorliegt (Leistungspflicht),
- ob die Indikation für die geplante Psychotherapie im Vergleich zu Alternativen (z.B. Beratung, Medikamente) gegeben ist (Zweckmäßigkeit) und
- ob bei ausreichend positiver Prognose der Aufwand gerechtfertigt ist und sich somit der Behandlungsplan auf das Notwendige beschränkt (Wirtschaftlichkeit).

Nur wenn diese drei Fragen positiv beantwortet werden, übernimmt die Krankenkasse die Kosten für die Psychotherapie.

In diese probatorische Phase werden häufig Lehrkräfte für eine erste Abklärung der Problematik mit einbezogen. Grundsätzlich können probatorische Sitzungen bei verschiedenen Behandelnden parallel genutzt werden. In diesen Gesprächen wird gefragt, welche psychischen Beschwerden vorliegen, wie lange diese Beschwerden bestehen, wie sie sich im Alltag bemerkbar machen und was bisher unternommen wurde, um die Beschwerden zu lindern. In dieser Phase werden gewöhnlich psychologische Testverfahren und standardisierte Interviews eingesetzt, um eine Diagnose gesichert zu stellen oder auszuschließen. Außerdem werden

Erwartungen an die Therapie von Eltern und Kind besprochen. Zudem wird allen Beteiligten erklärt, wie eine Therapie ablaufen würde und nachgefragt, ob Eltern und Kind damit einverstanden wären. Beide Parteien entscheiden in dieser Phase, ob die vorgeschlagene Behandlung passt.

4.4.1 Die Diagnostik

Eine gesicherte Diagnose einer psychischen Störung erfordert die folgenden Schritte:

1. Eine ausführliche standardisierte Befragung von Kind, Eltern und ggf. weiteren Bezugspersonen zur Abklärung der spezifischen Diagnosekriterien für die jeweilige psychische Störung
2. Einen Ausschluss organischer Ursachen (z.B. Schilddrüsenerkrankungen, Autoimmunerkrankungen, Borrelien) für das Problemverhalten des Kindes

Das Stellen der richtigen Diagnose und das Vermeiden von Fehldiagnosen ist eine *essenzielle* Voraussetzung für die erfolgreiche Behandlung des Kindes und bedarf einer sorgfältigen aber auch zeitaufwändigen Abklärung durch Expert*innen. Eine Fehldiagnose kann nicht indizierte Behandlungsversuche (z.B. Medikamenteneinnahme) zur Folge haben und bringt eine Kaskade von Folgeproblemen mit sich (Merten et al., 2017).

Diagnostische Fehleinschätzungen am Beispiel der ADHS

Bei kaum einer anderen psychischen Störung des Kindes- und Jugendalters wird die Diagnosestellung so leidenschaftlich und kontrovers diskutiert wie bei der ADHS. Dabei stehen v.a. zwei Fragen im Vordergrund: (1) Wird die Diagnose ADHS inflationär auf alle Kinder und Jugendlichen angewandt, die „schwierig“ sind? (2) Ist die dramatisch gestiegene Verschreibung von Ritalin® (Methylphenidat) bei Kindern gerechtfertigt (siehe hierzu auch Abschnitt 4.5.4)? Berichte von Krankenkassen in Deutschland zeigen, dass die Anzahl der Kinder mit einer ADHS-Diagnose in den letzten 15 Jahren massiv gestiegen ist. Sowohl in der Öffentlichkeit als auch unter Expert*innen wird vermutet, dass nicht mehr Kinder erkranken, sondern zu viele Kinder ungerechtfertigterweise diese Diagnose bekommen. Der intensiv und kontrovers geführten Diskussion steht eine bemerkenswert geringe Basis an empirischen Studien zu diesem Thema gegenüber. Die verbreitete Sorge einer Überdiagnose gründet meistens auf den von Krankenkassen regelmäßig berichteten gestiegenen Diagnosehäufigkeiten und Medikamentenverschreibungen. Dies könnte aber z.B. auch heißen, dass ADHS früher lange Zeit übersehen und unterdiagnostiziert wurde. Somit sind diese Anstiege allein noch kein Beleg für eine aktuelle Überdiagnose von ADHS. Von einer Überdiagnose kann man genau genommen nur dann sprechen, wenn klar gezeigt wird, dass ADHS auch dann diagnostiziert wird, wenn die in den medizinischen Klassifikationssystemen beschriebenen Störungssymptome gar nicht im vollen Umfang vorliegen. Die bisher aussagekräftigste Untersuchung zu dieser Frage stammt aus Deutschland (Bruchmüller & Schneider, 2012). In einer bundesweiten Studie wurden Psychologischen und Ärztlichen Psychotherapeut*innen vier Fallbeschreibungen zugeschickt, von denen nur eine eindeutig das Krankheitsbild einer ADHS beschrieb. Die Expert*innen wurden gebeten, das Fallbeispiel diagnostisch zu bewerten und anzugeben, welche Behandlung sie empfehlen würden. Das Ergebnis war, dass ADHS auch in Fällen diagnostiziert wurde, in denen dieses Störungsbild nicht vorlag. Diesen Daten zufolge kann vermutet werden, dass bei 100 Kindern 20 fälschlicherweise eine ADHS diagnostiziert bekämen und medikamentös bzw. psychotherapeutisch behandelt würden. Es wurde außerdem gezeigt, dass Jungen bei identischer Krankheitsbeschreibung häufiger die Diagnose ADHS bekamen als Mädchen. Als Erklärung für diese diagnostischen Fehlurteile wird diskutiert, ob Ärzt*innen und Psychotherapeut*innen sich bei der Diagnosestellung auf Heuristiken, sog. Daumenregeln, verlassen, statt eine umfassende, zeitaufwendige Diagnostik vorzunehmen. Dies würde bedeuten, dass Ärzt*innen und Psychotherapeut*innen aufgrund einzelner, besonders hervorstechender Merkmale – im Falle von ADHS etwa ein Junge, der unruhig ist und den Unterricht stört – direkt die Störungskategorie ADHS bestätigt sehen und weitere für die Störung zwingend notwendige Merkmale (z. B. die Unruhe und das störende Verhalten darf nicht nur in der Schulsituation, sondern muss auch in anderen Situationen auftreten) nicht mehr abklären und somit fälschlich eine Diagnose vergeben, die sich bei genauerem Nachfragen nicht bestätigen würde. Um diese Fehler zu vermeiden, ist es wichtig, standardisierte Befragungsinstrumente (z. B. ein diagnostisches Interview) zu nutzen und so alle Informationen zu sammeln, die für eine gesicherte Diagnosestellung notwendig sind.

Ziel einer Diagnostik ist die sorgfältige Überprüfung der *klinischen Relevanz* einer psychischen und Verhaltensauffälligkeit in Abgrenzung zu entwicklungsphasentypischen Phänomenen. Daran anschließend erfolgt eine Planung von psychologischen, psychosozialen oder medizinischen Interventionen zur Verminderung psychischer Beschwerden. Die klinische Diagnostik muss von Expert*innen (z. B. Kinder- und Jugendlichenpsychotherapeut*innen oder Kinder- und Jugendpsychiater*innen) durchgeführt werden. Eine umfassende Diagnostik im Kindes- und Jugendalter erfordert die Erfassung der psychischen und Verhaltensauffälligkeiten

1. auf verschiedenen Ebenen (kognitive, emotionale, physiologische und Handlungsebene),
2. durch mehrere Informanten (Kind, Eltern, Erzieher*innen, Lehrkräfte),
3. anhand unterschiedlicher Verfahren (strukturierte klinische Interviews, Fremd- und Selbstbericht, Verhaltensbeobachtungen, Testleistungen) und
4. zu verschiedenen Zeitpunkten (vor, während und nach der Behandlung).

Erst wenn eine sorgfältige Abklärung vorhandener Beschwerden und Schwierigkeiten stattgefunden hat, kann eine Behandlung angemessen geplant und zielgerichtet durchgeführt werden. Das Besondere an der Diagnostik im Kindes- und Jugendalter ist, dass Berichte von Kind, Eltern und anderen Bezugspersonen (z. B. Lehrkräfte) mit einbezogen werden, um ein umfassendes Bild des Kindes in seinen verschiedenen Lebenswelten (Familie, Schule, Freizeit) zu erhalten. Die unterschiedlichen Berichterstatter*innen stimmen dabei jedoch oft in ihren Beobachtungen nicht überein: Während Lehrkräfte berichten, dass ein Kind in der Schule nicht spricht und schüchtern wirkt, können die Eltern gleichzeitig angeben, dass ihr Kind zu Hause nicht schüchtern wirkt und laut und deutlich spricht. Oder ein Kind kann von den Eltern als trotzig, streitsüchtig und gereizt beschrieben werden, während es sich in der Schule unauffällig verhält. Verhalten ist situations- und personenspezifisch und es ist daher wichtig, die Verhaltensweisen des Kindes in verschiedenen Lebenssituationen zu berücksichtigen. Die diagnostische Aufgabe besteht darin, diese Beschreibungen zu integrieren und aus einer klinischen Sicht zu beurteilen. Berichte von Lehrkräften sind wichtiger Bestandteil einer klinischen Diagnostik, da sie Auskunft darüber geben, wie sich das Kind im Schulkontext verhält. Verhaltensauffälligkeiten werden in Leistungssituationen und im Sozialkontakt besonders deutlich.

Die Diagnostik psychischer Störungen kann als ein mehrstufiger Untersuchungsprozess angesehen werden:

- In einem ersten Schritt erfolgt ein gemeinsames Gespräch mit Eltern und Kind zur Klärung eines ersten allgemeinen Eindrucks, dem Aufbau einer vertrauensvollen Beziehung und der Vermittlung eines Überblicks über das weitere Vorgehen.
- Im zweiten Schritt findet die genaue diagnostische Einordnung der Beschwerden des Kindes statt. Dabei kommen standardisierte Breitbandverfahren zum Einsatz, die ein breites Spektrum psychischer Auffälligkeiten abfragen.
- In einem dritten Schritt werden die Bedingungen, unter denen die Probleme auftreten, genauer analysiert. Diese Verhaltens- oder Problemanalysen beschreiben die auslösenden und aufrechterhaltenden Faktoren von Verhaltensauffälligkeiten. In diesem Schritt kommen je nach Bedarf Verhaltensbeobachtungen (z. B. ein Verhaltenstagebuch) oder Familiendiagnostik zum Einsatz. Am Ende dieses Schritts wird die Therapieplanung abgeleitet.

4.4.2 Die Behandlung

Nicht nur die Behandler*innen entscheiden, ob sie die passende Therapie anbieten können, sondern auch Eltern und Kind wägen in dieser Phase ab, ob sie sich eine Zusammenarbeit vorstellen können. Psychotherapeut*innen unterliegen der Schweigepflicht. Sie dürfen keine Informationen an Dritte weitergeben und auch nicht darüber informieren, ob jemand in ihrer Behandlung ist bzw. was in dieser

Behandlung passiert. Daher muss von den Eltern eine Schweigepflichtsentbindung unterschrieben werden, sofern sie möchten, dass Lehrkraft und Therapeut*in miteinander sprechen. Jedoch besteht eine Offenbarungsbefugnis, wenn dem Schweigen ein höheres Gut, wie z. B. der Schutz von Menschen (z. B. Meldung von Kindeswohlgefährdung), entgegensteht. Anzeigepflichtig sind Behandelnde, wenn eine schwere Straftat verhindert werden kann. Bereits begangene Taten unterliegen hingegen wiederum der Schweigepflicht.

Die Dauer einer Kinder- und Jugendlichenpsychotherapie unterscheidet sich je nach Art und Schweregrad einer Störung. In der ersten Arbeitsphase geht es darum, dass Eltern und Kind mehr über die Störung erfahren und verstehen, wie es zu der Störung gekommen ist und was in der Behandlung passieren wird. Die erste Phase ist wichtig, um eine vertrauensvolle Beziehung zwischen Eltern, Kind und der Kinder- und Jugendlichenpsychotherapeut*in aufzubauen, Fragen zu stellen und gemeinsame Ziele zu entwickeln. Am Ende dieser Phase werden konkrete Ziele formuliert, die durch die Therapie erreicht werden sollen (z. B. bei Schulvermeidung jeden Tag den Unterricht vollständig besuchen). Eine vertrauensvolle Beziehung und ein gemeinsamer Behandlungsplan sind die Voraussetzungen für die nachfolgende Therapiephase, die den größten Teil der Behandlung ausmacht. Hier werden konkrete Schwierigkeiten bearbeitet. Die Schwerpunkte und Inhalte sind individuell unterschiedlich und an die Störung, die persönlichen Fähigkeiten und die Lebenssituation eines Kindes angepasst. Grundsätzlich geht es in der Psychotherapie um die Veränderungen von bisher gelernten Verhaltensweisen, die das Kind immer wieder in Schwierigkeiten bringen. Mehr Informationen zu den Behandlungen spezifischer Störungen geben die störungsspezifischen Bände dieser Bücherreihe.

Das Ende der Therapie ist erreicht, wenn die zuvor gemeinsam vereinbarten Ziele erreicht sind. Die letzte Therapiephase dient dazu, Strategien zu erwerben, die helfen, möglichen Rückfällen vorzubeugen (Rückfallprophylaxe). Kind und Eltern lernen dabei, Frühwarnzeichen, die das Wiederauftreten der behandelten psychischen Störung ankündigen, zu erkennen, und es werden Strategien entwickelt, die helfen sollen, dass das Kind und/oder Eltern nicht in alte Verhaltensweisen zurückfallen. Es wird darauf hingewiesen, dass „Auffrischungssitzungen“ genutzt werden sollen, wenn die Familie sich überfordert fühlt und/oder sich sorgt, dass das Problemverhalten wieder in voller Stärke auftritt.

Ablauf und Dauer ambulanter Psychotherapien[5]

Psychotherapeutische Sprechstunde: Dieses niedrigschwellige Angebot umfasst eine erste diagnostische Abklärung und kann bis zu 10 Termine à 25 Minuten (bzw. 5 Termine à 50 Minuten) umfassen. Die Sprechstunde ist immer einer

5 Der Übersicht halber wird hier nur auf die Einzeltherapie eingegangen. Für die Durchführung von Gruppentherapien sind leichte Abweichungen möglich.

Psychotherapie vorangestellt und ist somit der erste Schritt in die psychotherapeutische Behandlung. Ziel ist es, zu klären, ob ein*e Patient*in eine Psychotherapie benötigt oder ob andere Hilfsangebote, wie Erziehungsberatung oder Präventionsangebote ausreichend sind. Alle approbierten Kinder und Jugendlichenpsychotherapeut*innen und Kinder- und Jugendpsychiater*innen mit Kassensitz bieten wöchentlich Sprechstunden an.

Akutbehandlung: Bei akuten psychischen Krisen können Patient*innen bis zu 24 Termine à 25 Minuten (bzw. 12 Termine à 50 Minuten) zur Stabilisierung oder Besserung akuter psychischer Krisen- bzw. Ausnahmezuständen erhalten. Die Behandlung muss durch die/den jeweilige/n Psychotherapeut*in bei der Krankenkasse lediglich angezeigt werden.

Kurzzeittherapie: Viele psychische Störungen lassen sich bereits mit einer Kurzzeitpsychotherapie behandeln. Hier werden zusätzlich zu den o.g. probatorischen Sitzungen (max. 6 Sitzungen) bis zu 24 Therapiesitzungen à 50 Minuten angeboten. Hierzu müssen die jeweiligen Psychotherapeut*innen einen Antrag bei der Krankenkasse auf Bewilligung der Kurzzeittherapie stellen. Die Behandlung kann erst nach schriftlicher Bewilligung durchgeführt werden.

Langzeittherapie: Reicht eine Kurzzeittherapie nicht aus, kann diese in eine Langzeittherapie umgewandelt bzw. von vornherein beantragt werden. Abhängig von der Art des Psychotherapieverfahrens können bei der Verhaltenstherapie bis zu max. 80, bei der tiefenpsychologisch fundierten Psychotherapie bis zu max. 100 und bei der analytischen Psychotherapie bis zu max. 300 Therapiesitzungen à 50 Minuten durchgeführt werden. Hierzu müssen die jeweiligen Psychotherapeut*innen einen Antrag bei der Krankenkasse auf Bewilligung der Langzeittherapie stellen. Die Behandlung kann erst nach schriftlicher Bewilligung durchgeführt werden.

4.5 Welche Formen von Psychotherapien werden über die Krankenkasse gezahlt?

Deutschland hat ein weltweit einzigartiges psychotherapeutisches Versorgungssystem, das mit dem Psychotherapeutengesetz 1999 eingeführt wurde. Dieses Gesetz sorgt dafür, dass wissenschaftlich geprüfte Psychotherapieverfahren, sogenannte Richtlinienverfahren, durch nicht-ärztliche, wissenschaftlich und praktisch ausgebildete Kinder- und Jugendlichenpsychotherapeut*innen sowie Psychologische Psychotherapeut*innen durchgeführt werden können. Als Richtlinienverfahren wurden in das Gesetz 1) psychoanalytisch begründete Verfahren und 2) die Verhaltenstherapie für alle Altersgruppen zugelassen. Im Folgenden werden die Therapieverfahren vorgestellt.

4.5.1 Verhaltenstherapie mit Kindern und Jugendlichen (VT)

Die Verhaltenstherapie ist ein klinisch-psychologischer Heilkundeansatz, der eine große Anzahl unterschiedlicher spezifischer Techniken und Behandlungsmaßnahmen in sich vereinigt. Diese verschiedenen Maßnahmen werden im therapeutischen Handeln je nach Art der vorliegenden Problematik einzeln oder miteinander kombiniert eingesetzt. Die moderne Verhaltenstherapie versteht sich nicht als Therapieschule oder Gruppe von Verfahren, sondern als eine psychotherapeutische Grundorientierung (Margraf & Lieb, 1995; Margraf, 2018; vgl. www.wbpsychotherapie.de). Konkret kann die moderne Verhaltenstherapie wie folgt definiert werden:

Prinzip 1: Verhaltenstherapie ist wissenschaftlich begründet
Die Grundlagenwissenschaft der Verhaltenstherapie ist die empirische Psychologie. Dementsprechend bemüht sich die Verhaltenstherapie, ihre theoretischen Konzepte und therapeutischen Methoden zu operationalisieren und wissenschaftlich zu überprüfen. Neben dem psychologischen Wissen über Veränderungsprinzipien und -verfahren werden auch die Erkenntnisse nichtpsychologischer Nachbardisziplinen (z.B. Biologie, Medizin, Sozialwissenschaften) berücksichtigt.

Prinzip 2: Verhaltenstherapie ist problemorientiert
Die Behandlung setzt in der Regel an der gegenwärtig bestehenden Problematik an. Das therapeutische Vorgehen wird möglichst genau auf die jeweilige Störung und den individuellen Patienten zugeschnitten. Für verschiedene Störungen werden in der Regel verschiedene Verfahren angewendet, welche auf die Patient*innen zugeschnitten werden. Die Behandlung setzt an dem Problem an, das für die Kinder und Jugendlichen bzw. die Eltern am schwerwiegendsten ist. Darüber hinaus wird an der allgemeinen Problemlösefähigkeit gearbeitet. Dies kann indirekt durch Transparentmachen des therapeutischen Vorgehens und die Vermittlung neuer Erfahrungen oder direkt durch gezielte Problemlösetrainings erfolgen.

Prinzip 3: Verhaltenstherapie setzt an den vorhergehenden, auslösenden und aufrechterhaltenden Problembedingungen an
Die Verhaltenstherapie unterscheidet zwischen vorhergehenden, auslösenden und aufrechterhaltenden Problembedingungen (vgl. auch Abb. 5, Kap. 3). Die Behandlung setzt an denjenigen Bedingungen an, deren Änderung für eine dauerhafte Lösung des Problems als notwendig erachtet werden. Oft sind dies die aufrechterhaltenden Bedingungen. Die vorhergehenden und auslösenden Faktoren können meist zum Zeitpunkt der Behandlung nicht mehr verändert werden. In den letzten Jahren wird darüber hinaus dem Aspekt der Ressourcenaktivierung und der Stärkung von Schutzfaktoren wachsende Aufmerksamkeit gewidmet.

Prinzip 4: Verhaltenstherapie ist zielorientiert
Die Identifikation des Problems sowie die gemeinsame Festlegung des zu erreichenden Therapieziels durch Therapeut*in und Kind/Eltern sind integrativer Bestandteil der Verhaltenstherapie. Das Problem stellt den Ansatzpunkt der Therapie dar. Die Lösung des Problems wird dementsprechend als Erreichen des angestrebten Ziels und damit als hinreichender Grund für die Beendigung der Therapie angesehen. Im Idealfall verhindert die explizite Vereinbarung der Therapieziele das Verfolgen unterschiedlicher Ziele durch Therapeut*in und Kind/Eltern oder den Fortbestand unrealistischer Erwartungen.

Prinzip 5: Verhaltenstherapie ist handlungsorientiert
Die Verhaltenstherapie setzt zu ihrem Gelingen eine aktive Beteiligung der Kinder bzw. Jugendlichen und meist auch der Eltern voraus. Bloße Einsicht ist keine hinreichende Bedingung für die Veränderung „eingefahrener" Probleme. Die Verhaltenstherapie erschöpft sich daher nicht in Diskussion und Reflektion von Problemen, sondern motiviert die Patient*innen zum aktiven Erproben von neuen Verhaltens- bzw. Erlebensweisen und Problemlösestrategien.

Prinzip 6: Verhaltenstherapie ist nicht auf das therapeutische Setting begrenzt
Die Verhaltenstherapie strebt eine Generalisierung der erzielten Änderungen auf den Alltag des Kindes und seine Umgebung an. Das therapeutische Setting und eine gute therapeutische Beziehung bieten die Möglichkeit, verändertes Verhalten und Erleben in einem geschützten Rahmen zu erfahren und einzuüben. Sie gewährleisten aber nicht die Übernahme in den Alltag bzw. in das individuelle Lebensumfeld wie z. B. die Schule. Hierzu ist es notwendig, dass die Kinder bzw. Jugendlichen neu erworbene Strategien regelmäßig zwischen den Sitzungen ausprobieren und üben. Wenngleich Verhaltenstherapeut*innen ihre Patient*innen häufig auch bei Erfahrungen außerhalb der Praxis, der Ambulanz oder der Klinik begleiten, ist das Ziel jedoch stets die Bewältigung ohne therapeutische Begleitung.

Prinzip 7: Verhaltenstherapie ist transparent
In der Verhaltenstherapie werden Kinder oder Jugendliche und deren Eltern als aufgeklärte und aktive Akteur*innen in der Behandlung verstanden. Das Geben eines plausiblen Erklärungsmodells für die vorliegende Störung, selbst bei jungen Kindern, und das verständliche Erklären aller Aspekte des therapeutischen Vorgehens sind grundsätzliche Bestandteile der Verhaltenstherapie. Transparenz und Aufklärung erfüllen das legitime Bedürfnis der Patient*innen nach dem Verstehen ihrer Lage und führen zu einer erhöhten Akzeptanz der Therapiemaßnahmen sowie zur Prophylaxe von Rückfällen. Ein offenes, nachvollziehbares Vorgehen erhöht die „Compliance", das Verständnis der Patient*innen für den therapeutischen Prozess und indirekt ihre Problemlösefähigkeit. Auf diese Weise können die erworbenen Fertigkeiten bei zukünftigen Schwierigkeiten besser bzw. auch ohne erneute therapeutische Hilfe eingesetzt werden.

Prinzip 8: Verhaltenstherapie soll „Hilfe zur Selbsthilfe" sein
Über die Erhöhung der allgemeinen Problemlösefähigkeit und über das transparente Ableiten des therapeutischen Vorgehens aus einem Störungsmodell werden den Kindern oder Jugendlichen generelle Fertigkeiten zur selbstständigen Analyse und Bewältigung zukünftiger Probleme vermittelt. Somit erhöht die Verhaltenstherapie das Selbsthilfepotenzial der Kinder und Jugendlichen und kann dadurch Rückfällen und der Entwicklung neuer Probleme vorbeugen.

Prinzip 9: Verhaltenstherapie bemüht sich um ständige Weiterentwicklung
Durch die Orientierung der Verhaltenstherapie an der wissenschaftlichen Psychologie unterliegen sowohl ihre theoretischen Konzepte als auch ihre praktischen Behandlungsmethoden einem permanenten Prozess der Evaluation und Ausdifferenzierung und somit einer ständigen Weiterentwicklung. Hierzu werden Studien über die (Langzeit-)Wirksamkeit von Verhaltenstherapie durchgeführt.

4.5.2 Psychoanalytisch begründete Verfahren mit Kindern und Jugendlichen (TP, AP)

Die psychoanalytisch begründeten Verfahren (Analytische Psychotherapie und Tiefenpsychologisch fundierte Psychotherapie) wurden auf der Grundlage der psychoanalytischen Theorie von Sigmund Freud entwickelt. In diesen Verfahren sollen frühe Erfahrungen z. B. aus der Kindheit bearbeitet werden, die aktuelle Beschwerden auslösen. Dabei werden unbewusste Konflikte aufgedeckt und bearbeitet. Konflikte entstehen in zwischenmenschlichen Beziehungen (z. B. gleichzeitiger Wunsch bei einem Kind nach Autonomie und Nähe). Konflikte haben zunächst alle Menschen. Erst wenn Konflikte nicht gelöst werden und damit Wünsche, Bedürfnisse oder Erwartungen nicht erfüllt werden können, werden diese verinnerlicht, bekämpft und verdrängt. Diese verdrängten Erfahrungen können später durch andere Ereignisse wieder aktiviert werden, stark belasten und psychisches Leiden verursachen. Symptome wie Ängste, Depression, Essstörungen usw. werden als Ausdruck für bis dahin nicht anders ausdrückbare, ungelöste Konflikte verstanden. In der Behandlung unterstützen Therapeut*innen die Patient*innen, sich der ursprünglichen Konflikte bewusst zu werden und sich damit auseinanderzusetzen. Um die Auseinandersetzung mit den zunächst nicht bewussten frühkindlichen Konflikten zu ermöglichen, wird viel Wert darauf gelegt, dass die Patient*innen möglichst frei und ohne Vorgaben in der Therapie berichten. Um neue Verhaltens- und Denkweisen zu aktivieren, werden diese innerhalb der Beziehung zwischen Therapeut*in und Patient*in thematisiert. Diese Beziehung ist stellvertretend für jede andere soziale Beziehung zu Personen im sozialen Umfeld.

Auch bei Kindern und Jugendlichen wird in der psychoanalytischen Theorie davon ausgegangen, dass unbewusste Konflikte zu psychischen Störungen oder körperlichen Erkrankungen führen. Zur Behandlung von Kindern werden Spieltherapien genutzt, um ungelöste Konflikte zu erkennen und zu bearbeiten. Hier wird mit Fantasie- und Rollenspielen oder anderem symbolischen Material gearbeitet. Für die Behandlung werden u. a. Tagträume oder magisches Denken, in denen die Kinder und Jugendlichen ihre Wünsche stellvertretend erfüllen können, therapeutisch genutzt. Je nach Entwicklungsalter eines Kindes, meistens ab dem 10. bis 12. Lebensjahr, wird auch das Gespräch im therapeutischen Prozess genutzt, so wie dies in der Behandlung von Jugendlichen und Erwachsenen der Fall ist (Kandale & Rugenstein, 2014).

Die *Tiefenpsychologisch fundierte Psychotherapie* unterscheidet sich von der analytischen Psychotherapie im Wesentlichen dadurch, dass aktuelle Konflikte und deren Lösung im Hier und Jetzt stärker im Mittelpunkt der Therapie stehen. Die Behandlung findet 1 bis 2 mal pro Woche statt und umfasst typischerweise ein Stundenkontingent von 60 Sitzungen (maximal möglich 100 Sitzungen) bei einer Langzeittherapie. Die *Analytische Psychotherapie* ist nicht nur auf den aktuellen Konflikt, sondern auf die zugrundeliegende persönliche Struktur gerichtet. Patient*innen werden angeregt, in kindliche Verhaltens- und Denkweisen zurückzufallen (Regression), um mithilfe des Behandelnden frühe Konflikte zu lösen. Während einer Analytischen Psychotherapie liegt die zu behandelnde Person in der Regel auf einer Couch und hat nur einen eingeschränkten Blickkontakt zur Psychotherapeut*in, um sich ungestört auf sich selbst zu konzentrieren. Mit einer Dauer von 2 oder mehr Jahren und einer Sitzungsfrequenz von 2 bis 3 Behandlungssitzungen pro Woche ist dies die längste Behandlungsform unter den Richtlinienverfahren. Die Dauer einer Langzeittherapie beträgt in der Regel 160 Sitzungen (maximal möglich 300 Sitzungen).

4.5.3 Wie gut funktioniert Psychotherapie bei Kindern und Jugendlichen?

Die umfassendste Überblicksarbeit, die sich der Wirksamkeit verschiedener psychotherapeutischer Interventionen zur Behandlung psychischer Störungen im Kindes- und Jugendalter widmet, wurde von dem Harvard-Professor und Psychologen John Weisz und Kolleg*innen (2017) vorgelegt. In dieser Arbeit wurden die Ergebnisse von 447 Therapiestudien mit über 30.000 Kindern und Jugendlichen im Alter zwischen 4 und 18 Jahren zusammengefasst. Weisz und Kolleg*innen zeigen, dass Psychotherapie mit Kindern und Jugendlichen wirksam ist und die erreichten Therapieerfolge auch über das Therapieende hinweg langanhaltend sind. Ein weiteres wichtiges Ergebnis der Überblicksarbeit ist jedoch auch, dass die Erfolge der Psychotherapie nicht für alle Problembereiche gleich sind. So zeigte sich, dass die Therapie von Angstproblemen im Kindes- und Jugendalter die mit Abstand erfolgreichste Psychotherapie ist, gefolgt von aggressiven Verhaltensstörungen und ADHS, während Depressionstherapien und Therapien bei mehreren Problemen gleichzeitig am schlechtesten abschneiden. Des Weiteren muss berücksichtigt werden, dass diese Ergebnisse nur für die Verhaltenstherapie gelten, da für tiefenpsychologisch fundierte und analytische Psychotherapie im Kindes- und Jugendalter keine methodisch gut kontrollierten Therapiestudien vorliegen.

Nebenwirkungen von Psychotherapie: Was wirkt, kann auch schaden

Die Wirksamkeit von Psychotherapie bei Kindern und Jugendlichen ist wissenschaftlich gut untersucht. Psychotherapie hat sich abhängig vom spezifischen Krankheitsbild kurz- und v.a. auch langfristig als gut bis sehr gut wirksam erwiesen. In den letzten 15 Jahren kamen jedoch auch zunehmend kritische Stimmen auf, die forderten, die Unbedenklichkeit und mögliche negative Effekte von Psychotherapie zu untersuchen (Bieda et al., 2018). Insbesondere für Kinder, die eine besonders schutzbedürftige Gruppe darstellen, muss die Überprüfung der Unbedenklichkeit und Gewährleistung der Qualität jeglicher Art von Behandlung einen hohen Stellenwert haben. Wie bei anderen Behandlungen muss daher auch geprüft werden, ob in der Kinder- und Jugendlichenpsychotherapie unerwünschte, negative Effekte auftreten. Unter negativen Effekten werden unerwünschte Ereignisse verstanden, die trotz einer Behandlung, die nach bestem Wissen und Gewissen durchgeführt wurde, auftreten. Ein Beispiel hierfür wäre erhöhter Stress durch Konfrontationstherapie bei Angststörungen, der sich auch auf Bereiche außerhalb der Angststörung auswirkt. Andere negative Nebenwirkungen können aber auch Ängste vor Stigmatisierung sein. In einer aktuellen Untersuchung zu Nebenwirkungen bei Kindern mit Angststörungen war die häufigste Nennung der befragten Kinder, andere Kinder könnten bemerken, dass sie wegen psychischer Probleme in Behandlung sind. Grundsätzlich gilt, dass, bevor die Entscheidung für oder gegen eine Psychotherapie fällt, Kind und Eltern über mögliche Nebenwirkungen aufgeklärt werden.

4.5.4 Psychopharmakotherapie

Die Gabe von Medikamenten muss immer in ein multimodales Behandlungskonzept integriert sein, das psychosoziale Behandlungen oder psychotherapeutische Verfahren beinhaltet. Je nach Art und Schweregrad der Störung wird abgewogen, inwieweit ein Medikament die Behandlung unterstützen kann. Dabei orientieren sich Kinderärzt*innen und Kinder- und Jugendpsychiater*innen an den Leitlinien der Deutschen Gesellschaft für Kinder- und Jugendpsychiatrie, Psychotherapie und Psychosomatik. Das Störungsbild, bei dem am häufigsten über den Einsatz von Medikamenten entschieden wird, ist die ADHS. Für die Behandlung einer ADHS im Schulalter empfehlen die aktuellen Leitlinien je nach Schweregrad der Symptomatik und Präferenz der Betroffenen die medikamentöse Behandlung

(Deutsche Gesellschaft für Kinder- und Jugendpsychiatrie Psychosomatik und Psychotherapie, 2017). So wird empfohlen, dass bei einer leichten ADHS-Problematik primär psychosozial (einschließlich psychotherapeutisch) gearbeitet werden soll, wobei eine Pharmakotherapie als ergänzendes Angebot in Betracht gezogen werden kann. Bei mittelgradiger Ausprägung der Symptome soll eine intensivierte psychosoziale (einschließlich intensivierte psychotherapeutische) Behandlung oder eine pharmakologische Behandlung oder eine Kombination aus beidem angeboten werden. Bei schwerer ADHS soll primär eine Pharmakotherapie nach einer intensiven Psychoedukation angeboten werden. Psychotherapeutische Maßnahmen werden als parallele Behandlung empfohlen. In der Leitlinie wird darauf hingewiesen, dass die Behandlungsplanung durch Fachärzt*innen für Kinder- und Jugendpsychiatrie und Psychotherapie oder Kinder- und Jugendlichenpsychotherapeut*innen oder Psychologische Psychotherapeut*innen mit Zusatzqualifikation für Kinder und Jugendliche oder Fachärzt*innen für Kinder- und Jugendmedizin mit Erfahrung und Fachwissen in der Behandlung von ADHS durchgeführt werden soll. Demnach ist die Behandlung durch Hausärzt*innen ohne die genannte Zusatzqualifikation nicht empfehlenswert. Die aktuellen Leitlinienempfehlungen zur Behandlung der ADHS werden jedoch nicht uneingeschränkt von allen an der Behandlung von Kindern mit ADHS beteiligten Berufsgruppen und Expert*innen geteilt. Ein Hauptkritikpunkt ist die Verknüpfung des Schweregrads mit dem Einsatz von Medikamenten, die nicht durch empirische Daten untermauert ist. Auch wird kritisiert, dass zwar eine kurzzeitige Wirksamkeit von z. B. Methylphenidat als wissenschaftlich belegt betrachtet werden kann, es jedoch keine aussagekräftige Studienlage zu Langzeiteffekten von Medikamenten gibt, die einen Vorteil der Medikation gegenüber einer psychotherapeutischen Behandlung zeigt. Zusammenfassend kann festgehalten werden, dass der Einsatz von Psychopharmaka sorgfältig abgewogen werden muss.

5 Alters- und störungsübergreifende Maßnahmen

Unterrichten ist eine anstrengende Aufgabe und umso schwieriger, wenn Schüler*innen Emotionale oder Verhaltensauffälligkeiten zeigen. Wie soll man einem aggressiven oder einem verweigernden Kind etwas beibringen, wenn gleichzeitig eine ganze Schulklasse unterrichtet werden muss? Lehrkräfte müssen den Spagat zwischen individueller Förderung und Frontalunterricht meistern. In diesem Kapitel werden allgemeine verhaltenstherapeutische Handlungsmöglichkeiten für typische Verhaltensauffälligkeiten im Schulalltag aufgezeigt. Die vorgestellten Maßnahmen sind so ausgewählt, dass sie im Schulalltag von einer einzelnen Lehrkraft durchgeführt werden können. In Tabelle 4 ist zu jeder Maßnahme eine kurze Beschreibung gegeben, für welchen Problembereich, welche Altersgruppe und unter welchen Bedingungen die Maßnahme eingesetzt werden kann. Ziel der Maßnahmen ist es, Kindern trotz psychischer Beschwerden soziale Teilhabe und Lernen zu ermöglichen. Die nachfolgenden Methoden können Teil einer psychotherapeutischen Behandlung sein, und auf den Schulkontext ausgeweitet werden. Sie können aber auch unabhängig von einer bestehenden Behandlung genutzt werden, um das Verhalten von Kindern positiv zu lenken. Bei laufender Psychotherapie sollte der Einsatz dieser Verfahren mit den behandelnden Psychotherapeut*innen abgesprochen werden, um mögliche Überschneidungen zu vermeiden, die zu Verwirrung und Frustration führen können. Der Schulunterricht bietet mit seiner klaren Struktur und vorgegebenen Verhaltensregeln ein gutes Übungsfeld für neue Verhaltensweisen. Außerdem ist die Schule ein Ort, an dem sich Kinder mit sozialen Regeln auseinandersetzen müssen. Daher werden in der Psychotherapie häufig Schulsituationen besprochen und genutzt, um neues Verhalten zu üben. Eine Zusammenarbeit von Lehrkräften und Psychotherapeut*innen ist sehr sinnvoll. Voraussetzung für eine Kooperation ist das elterliche Einverständnis zur Zusammenarbeit mit einer Schweigepflichtsentbindung für Lehrkräfte und Behandelnde (vgl. Petermann & Krummrich, 2018).

Tabelle 4: Übersicht über die im folgenden Abschnitt vorgestellten Maßnahmen

<table>
<tr><th>Maßnahme</th><th>Empfohlenes Alter</th><th>Hauptsächliche Indikation</th><th>Voraussetzung</th></tr>
<tr><td>5.1 Gesprächsführung: Wie sage ich es richtig?</td><td rowspan="4">Alle Altersgruppen</td><td>Emotionale Auffälligkeiten, Verhaltensprobleme, die das Kind selbst oder Dritte beeinträchtigen (z. B. Bullying, Störverhalten, Leistungsprobleme, Krisen)</td><td>Vertrauensbasis zwischen Gesprächspartnern; Sprache und Dauer des Gesprächs an das Alter anpassen</td></tr>
<tr><td>5.2 Risikosituationen entschärfen</td><td rowspan="6">Konzentrations- und Hyperaktivitätsprobleme, oppositionell-aggressives Verhalten</td><td rowspan="6">Vorheriges Gespräch mit den Eltern, dem Kind und möglicherweise dem Helfersystem; Regelmäßige kurze Termine, um den Prozess zu begleiten bzw. anzupassen.</td></tr>
<tr><td>5.3 Selbstbeobachtungs- und Selbstkontrollverfahren</td></tr>
<tr><td>5.4 „Ertappen“, wenn das Kind etwas gut gemacht hat</td></tr>
<tr><td>5.5 Logische Konsequenzen bei Problemverhalten</td><td rowspan="3">Bis zur Pubertät</td></tr>
<tr><td>5.6 Verhaltensvertrag schließen</td></tr>
<tr><td>5.7 Einsatz von Verstärkerplänen</td></tr>
<tr><td>5.8 Hilfreiche Leitsätze</td><td rowspan="2">Alle Altersgruppen</td><td>Versagens- und soziale Ängste, Selbstabwertung</td><td>Sammeln von Alternativgedanken in einem persönlichen Gespräch</td></tr>
<tr><td>5.9 Entspannungsverfahren</td><td>Anspannung abbauen, Konzentration fördern</td><td>Verfahren an Alter anpassen</td></tr>
</table>

5.1 Gesprächsführung: Wie sage ich es richtig?

Techniken der Gesprächsführung gehören zu den Basisfertigkeiten in psychosozialer Beratung und psychotherapeutischer Arbeit. Auch in der Schule werden unterschiedliche Gesprächstechniken verlangt. Einige Gespräche, wie am Elternsprechtag, dienen dem Informationsaustausch oder der Planung des Schulverlaufs. Hier nehmen die Lehrkräfte die Expertenrolle ein und geben Informationen über die Kinder und Jugendlichen weiter. Die Zeit und das Ziel des Gesprächs sind klar begrenzt. Andere Gespräche, wie z. B. ein Beratungsgespräch aufgrund von aktuellen Problemen in der Schule im laufenden Schuljahr, verlangen ein anderes Gesprächsverhalten der Lehrkraft. Lehrkräfte sind hier zunächst Zuhörer*innen und müssen ein Vertrauensverhältnis aufbauen, um Informationen von den Schüler*innen zu bekommen. Die zeitlichen Rahmenbedingungen sind in einem solchen Gespräch eher flexibel, regelmäßig oder spontan. Das Ziel ist herauszufinden, was in der Klasse oder den Betroffenen vorgeht und welche Unterstützung gebraucht wird. Im folgenden Abschnitt werden Gesprächstechniken eingeführt, die darauf abzielen, Problemverhalten besser zu verstehen und gemeinsam Ideen für die Problembewältigung zu entwickeln.

Probleme einzelner Kinder oder Jugendlicher sollten nicht in der Klasse besprochen werden, da die Gefahr einer Außenseiterposition besteht. Es sollte ausreichend Zeit eingeplant werden und das Gespräch sollte in einem Raum stattfinden, in dem die Gesprächspartner*innen nicht gestört werden. Voraussetzung ist, dass das Kind oder der/die Jugendliche bereit ist zu sprechen und die Beziehung möglichst frei von vorherigen belastenden Auseinandersetzungen ist.

Über anhaltende Schwierigkeiten in der Schule werden in der Regel die Eltern informiert. Zu welchem Zeitpunkt ist ein Elterngespräch wichtig? Es ist sinnvoll, Elterngespräche zu führen, sobald das Kind Schwierigkeiten in der Schule zeigt, die zu einer Beeinträchtigung seiner schulischen Entwicklung führen können. Eine frühe Zusammenarbeit von Eltern und Schule ist sowohl für den Entscheidungsprozess, welche Unterstützung notwendig ist, als auch für mögliche Interventionen wichtig. Informationen von zu Hause und dem schulischen Kontext werden zusammengeführt. Daneben ist es von Bedeutung, auszutauschen, welche Maßnahmen die Eltern ergreifen, um die Probleme zu bewältigen. Schule und Eltern sollten sich einig darüber sein, welche Maßnahmen ergriffen werden, um das kindliche Verhalten zu verändern und das Kind in seiner Entwicklung zu unterstützen.

5.1.1 Der Gesprächseinstieg

Voraussetzung für ein Einzelgespräch ist Transparenz – also deutlich machen, was die Absichten, das Ziel und der zeitliche Rahmen sind (z. B.: „Ich möchte heute mit dir sprechen, weil ich besser verstehen möchte, warum dir das Mitmachen gerade schwerfällt. Dafür haben wir eine halbe Stunde Zeit."). Außerdem sollte das Kind wissen, dass es schweigen darf („Ich finde dieses Gespräch wichtig. Aber du darfst entscheiden, ob du auch mit mir darüber sprechen möchtest."). Wenn die Zustimmung für ein Gespräch gegeben ist, eignen sich als Gesprächsbeginn wertfreie, offene Fragen, die sich auf konkretes Verhalten beziehen. Eine Eingangsfrage könnte lauten: „Mir ist gestern aufgefallen, dass du nicht geantwortet hast, nachdem ich dich nach den Hausaufgaben gefragt habe. Was war denn los?" oder „Ich weiß, dass du auf deiner alten Schule bessere Noten hattest als hier bei uns. Hast du eine Erklärung dafür?". Man wird schnell verleitet, geschlossene, wertende Fragen zu stellen, wie „Hast du dich geschämt, als ich dich nach den Hausaufgaben gefragt habe?" oder „Fühlst du dich in der Klasse unwohl?". Geschlossene Fragen, auf die man nur mit Ja/Nein oder mit vorgebeben Antwortmöglichkeiten reagieren kann, engen die Antwortmöglichkeiten der Gesprächspartner*innen ein. Das Gespräch wird eher zu einem „Verhör" als zu einem Austausch von Informationen.

5.1.2 Zuhören und verstehen

Manche hören zu, um zu antworten, und manche, um zu verstehen. In einem Gespräch zwischen Lehrkraft und Schüler*in geht es zunächst um Letzteres. Zuhören zeigt den Gesprächspartner*innen, dass man versucht zu verstehen, um eine gemeinsame Grundlage für eine Problemlösung zu schaffen. Signale fürs Zuhören können verbal sein: „Aha, verstehe, das kann ich mir vorstellen, ich kann nachvollziehen, dass es dir dann so geht" oder nonverbal, wie Nicken, Stirnrunzeln, Lächeln und Augenkontakt. Die Botschaft soll sein: „Ich höre dir zu", „Es ist mir wichtig, was du sagst" oder „Ich möchte das genau verstehen". Besonders wirkungsvoll beim Zuhören sind Methoden des „aktiven Zuhörens" (Miller & Rollnick, 2006). Bei dieser Gesprächsmethode geht es darum, die Welt aus den Augen des anderen zu sehen und ihm das, was man sachlich und emotional verstanden hat, in eigenen Worten zurück zu melden. Dies führt zu zwei Zielen:

1) Das Kind fühlt sich verstanden, was Grundvorrausetzung dafür ist, Hilfe anzunehmen und
2) Das Kind wird zu vertieftem Nachdenken über sein Verhalten angeregt, was die Motivation für eine Veränderung stärkt.

Das eigene Reden soll dem Gehörten entspringen. Man verzichtet darauf, eigene Fragen, neue Themen oder Meinungen einzubringen. Dabei bedeutet zuhören nicht gleich zustimmen. Wenn z. B. Schüler*innen ihr Verhalten mit dem Anderer rechtfertigen („Der kommt auch immer zu spät"), kann man diese Aussage aus Sicht des Kindes verstehen und trotzdem nicht richtig finden („Du willst sagen, dass du nicht der einzige bist, der zu spät kommt" oder „Du fühlst dich ungerecht behandelt").

Es gibt vier Bausteine des aktiven Zuhörens:
1) *Wiederholen:* Wiederholen des Gehörten in (fast) wörtlicher Form.
   Schüler*in: „Ich will dann nichts sagen."
   Lehrkraft: „Du magst nichts sagen."
2) *Neuphrasieren:* Wiedergabe des Gehörten mit anderen Worten.
   Schüler*in: „Ich hatte früher mehr Freund*innen in der Klasse."
   Lehrkraft: „Damals hattest du mehr Freundschaften im Gegensatz zu heute"
3) *Paraphrasieren:* Wiedergabe des Gehörten in vertiefter Form.
   Schüler*in: „Ich will mich ja melden, aber dann lass ich es doch."
   Lehrkraft: „Du haderst mit dir selbst, ob du dich melden sollst oder nicht."
4) *Reflexion der Gefühle:* Umschreibung und Hervorhebung der emotionalen Seite des Geäußerten.
   Schüler*in: „Ich würde mich bestimmt versprechen, wenn ich was sage."
   Lehrkraft: „Du fürchtest dich davor, dich zu blamieren"

Im täglichen Leben wenden wir die Methode des aktiven Zuhörens ganz automatisch an. Trotzdem passiert es, dass wir aneinander vorbeireden und Missverständnisse entstehen. Aussagen werden vielleicht sogar als Kritik verstanden. Um dies zu vermeiden, macht es Sinn, für ein Schüler*innengespräch diese vier Formen des Zuhörens bewusst einzusetzen. In dieser ersten Phase kann es mitunter schwer fallen, keine Lösungsvorschläge zu machen. Dies ist aber wichtig, um zu verhindern, dass das Kind sich „überredet" fühlt.

5.1.3 Veränderungsbereitschaft fördern

Wenn man sich verstanden fühlt, wächst die Bereitschaft, sich zu verändern und Hilfsangebote anzunehmen. Dass sich jemand verstanden fühlt, erkennt man im Gespräch daran, dass Gesprächspartner*innen den Aussagen des aktiven Zuhörens zustimmen („Ja genau") oder in ihrem Gesprächsfluss bleiben. Außerdem erkennt man Veränderungsbereitschaft daran, dass jemand ein Problembewusstsein zeigt: „Ich habe wirklich schlechte Noten", besorgt ist: „Wenn ich jetzt nichts ändere, bleibe ich sitzen", oder eine Veränderungsabsicht hat: „Ich will so nicht mehr weitermachen." Auf diese Äußerungen können Lehrkräfte direkt verstärkend reagieren. Möglichkeiten, um die Veränderungsmotivation zu fördern, sind z. B.:

- den Wunsch zu hinterfragen: „Was würdest du dir denn wünschen?"
- die Fähigkeiten zu betonen: „Was würdest du dir denn zutrauen in der Klasse vorzutragen?"
- die Gründe für oder gegen eine Veränderung zu betonen: „Was wäre denn besser, wenn du dich wieder beteiligst und was für ein Risiko gehst du vielleicht ein?"
- die Notwendigkeit zu hinterfragen: „Wie wichtig ist es denn, dass du bessere Noten hast?"

Im Anschluss an diese Gespräche können Ideen gesammelt werden, um die Schüler*innen zu unterstützen („Du hast gesagt, dass du dich wieder mehr beteiligen möchtest. Was bedeutet das?“, „Was würde dir helfen, dich zu überwinden in der Klasse zu sprechen?“). Ein Kurzleitfaden für die beratende Gesprächsführung befindet sich im Anhang 1. Außerdem gibt es eine Kopiervorlage für die Planung eines anstehendes Gesprächs (Anhang 2).

5.2 Risikosituationen entschärfen

In einigen Schulsituationen sind Verhaltensauffälligkeiten häufiger als in anderen. Wer seine Schüler*innen beobachtet, kann meist voraussagen, wann ein Problemverhalten auftritt. Indem diese absehbaren Risikosituationen umgangen werden, lässt sich Problemverhalten verhüten. Hierzu ist es notwendig, nach Alternativverhalten zu suchen. Beispielsweise sind längere Phasen Frontalunterricht oder stilles eigenständiges Arbeiten eine typische Risikosituation für störendes Verhalten. Schüler*innen mit einer geringen Konzentrationsspanne könnten z. B. in den Unterricht miteinbezogen werden durch Anschreiben an die Tafel, nach Beispielen gefragt werden oder für das Austeilen von Arbeitsblättern eingeteilt werden. Diese Intervention sollte vorbereitet und mit betroffenen Schüler*innen vorbesprochen werden. Der Ablauf könnte folgendermaßen sein:

1) Erkennen von individuellen Risikosituationen (z. B. mithilfe einer Verhaltensbeobachtung, siehe Abschnitt 6.1).
2) Passende Aktivitäten finden, die mit dem Fehlverhalten kollidieren und diese mit den betroffenen Schüler*innen besprechen. Häufig haben die Kinder selbst auch gute Ideen (Bewegung, Pause, Entspannungsübung, räumliche Trennung bei erwarteten Konflikten, regelmäßigen Blickkontakt).
3) Die Risikosituation ankündigen „Lukas, wir werden jetzt für 15 Minuten Einzelarbeit machen. Wenn du merkst, dass du unruhig wirst, sag Bescheid und ich unterstütze dich.“ (Siehe hierzu Umgang mit Kindern, die unaufmerksam sind, Abschnitt 6.2.5).
4) Wenn die Risikosituation gemeistert wird, <u>immer</u> Aufmerksamkeit schenken und loben. Eventuell zusammen überlegen, was zum Gelingen beigetragen hat.

5.3 Selbstbeobachtungs- und Selbstkontrollverfahren

In diesem Verfahren beobachten die Kinder ihr Verhalten selbst, mit dem Ziel, dass sie problematisches Verhalten erkennen und in einem zweiten Schritt durch gewünschtes Verhalten ersetzen. Für Kinder und Jugendliche wird die Analogie eines Detektivs benutzt, der ganz genau beobachtet, was gut und was nicht gut läuft. Die Beobachtung des eigenen Verhaltens bringt meist schon eine erste Veränderung des Verhaltens mit sich. Hierzu sind gezielte Beobachtungen im Alltag unverzichtbar. Danach wird ein Zielverhalten abgesprochen (z. B. dreimal am Tag im Unterricht melden) und auf einem Protokollbogen vom Kind selbst erfasst. Dieses Verfahren hat den Vorteil, dass das Kind ein hohes Maß an Selbstwirksamkeitserleben entwickelt. Mit anderen Worten, es erlebt, dass es selbst etwas an seinem Verhalten und damit an den Folgen (negative Konsequenzen, sozialer Ausschluss, Streit in der Schule oder mit den Eltern) verändern kann. Eine Kopiervorlage für einen Selbstbeobachtungsbogen ist im Anhang 3 zu finden. Hier ist ein Beispiel, wie ein solcher Selbstbeobachtungsbogen gestaltet werden kann.

Tabelle 5: Beispiel für eine Liste zur Aufzeichnung einer Selbstbeobachtung für ein Kind mit sozialer Ängstlichkeit

Protokollbogen **Meine Ziele in dieser Woche**				
Was ich schaffen möchte:	*3 × pro Schultag in der Klasse melden*		*1 × pro Tag in der Cafeteria etwas kaufen*	
1. Woche	Geschafft +	Nicht geschafft –	Geschafft +	Nicht geschafft –
1. Tag	x		x	
2. Tag		x	x	
3. Tag	x		x	
4. Tag	x		x	
5. Tag		x	x	
Summe	3	2	5	0
Gesamt	9			

Nach der Selbstbeobachtung kann angemessene Selbstregulation bzw. -steuerung erlernt werden. Hier werden Modelllernen und Selbstgespräche genutzt, um das eigene Denken, Fühlen und Verhalten zu beeinflussen. Durch sich immer wiederholende Selbstanweisungen werden diese verinnerlicht und ersetzen im Verlauf der Zeit die dysfunktionalen automatischen Gedanken. Die bekannteste

Form des Selbstinstruktionstrainings wurde von Meichenbaum und Goodman (1971) entwickelt. In ihrem Training sind fünf Stufen enthalten, die eingeübt werden, bis eine Verinnerlichung der Selbstanweisung stattgefunden hat.

Tabelle 6: Das Selbstinstruktionstraining in fünf Schritten nach Meichenbaum und Goodman (1971)

Stufe 1	Kognitives Modellieren: Der Erwachsene demonstriert die Nutzung von Selbstanweisungen bei der Bearbeitung einer Aufgabe, z. B. bei einer schwierigen Aufgabe sich selbst zu sagen „Ich bleibe ruhig!" oder „Ich schaffe das!"
Stufe 2	Externe Verhaltenssteuerung: Das Kind bearbeitet eine Aufgabe und wird dabei durch Anweisungen angeleitet, z. B. „Was könntest du jetzt zu dir selbst sagen, um ruhig zu bleiben?"
Stufe 3	Offene Selbstinstruktionen: Das Kind lenkt sein Verhalten durch laut geäußerte eigene Selbstanweisungen.
Stufe 4	Abgeschwächte Selbstinstruktionen: Das Kind flüstert die Selbstanweisungen, während es die Aufgabe löst.
Stufe 5	Verdeckte Selbstinstruktionen: Selbstanweisung ist rein gedanklich und wird nicht mehr ausgesprochen.

5.4 Das Kind „ertappen", wenn es etwas gut gemacht hat

Störendes Verhalten fällt mehr auf als erwünschtes Verhalten. Störendem Verhalten wird daher mehr Aufmerksamkeit geschenkt. Dabei ist es einfacher, ein bestehendes Verhalten beizubehalten als neues Verhalten zu lernen. Auch Schüler*innen mit Verhaltensauffälligkeiten zeigen Momente erwünschten Verhaltens, wie z. B. zuhören, neugierig sein, sich bemühen, eine kurze Zeit ruhig sein oder sich am Unterricht beteiligen. Dieses Verhalten gilt es zu entdecken und sofort positiv zu beachten, um

- die Wahrscheinlichkeit zu erhöhen, dass es häufiger auftritt,
- den Schüler*innen zu vermitteln, was erwünscht ist,
- das Selbstwirksamkeitsempfinden zu stärken („Ich kann etwas tun, um gelobt zu werden") und
- zu signalisieren, dass auch die Ressourcen und Anstrengungen des Kindes gesehen und wertgeschätzt werden.

Loben ist am wirkungsvollsten, wenn es zeitlich direkt an das erwünschte Verhalten anschließt und beschreibt, was gelobt wird, z. B.: „Du arbeitest nun schon seit mehreren Minuten ruhig und konzentriert. Das machst du wirklich spitze. Weiter so!“, „Super, dass du heute nach der Pause pünktlich in der Klasse warst. Das ist mir sofort aufgefallen!“, „Du hast dein Heft schon rausgeholt. Toll, dass du daran gedacht hast!“, „Du hast dich heute dreimal von selbst gemeldet. Das hat mich richtig gefreut!“. Ein bestimmtes Verhalten kann auch gezielt verstärkt werden. Dazu sollte vorher klar sein, welches Verhalten gelobt werden soll (z. B. ruhiges Arbeiten, sich zu melden statt reinzurufen, aussprechen zu lassen, pünktlich zu sein, anderen zu helfen, zur Schule zu kommen, zuzuhören, Ordnung in den Schulsachen zu halten). Auch Nachfragen, Kommentare oder Interesse an der Tätigkeit von Schüler*innen wirken verstärkend. Im Laufe der Zeit kann die Verstärkung ausschleichend verringert werden. Das neue Verhalten hat sich dann gefestigt.

Prinzipien des Belohnens: Belohnen ist am wirksamsten, wenn ...

- ... das Verhalten oder die Situation, die gewünscht ist und neu eingeübt werden soll, genau beschrieben wird.
- ... zunächst Verhalten gelobt wird, welches für das Kind leicht umzusetzen ist, danach folgt das Lob auf Verhaltensweisen mit mittlerem und schließlich mit hohem Schwierigkeitsgrad.
- ... die Belohnungen an die Anstrengungen, die das Kind für das neue erwünschte Verhalten aufwenden muss, angepasst sind.
- ... das Kind immer weiß, wofür es belohnt wird, indem das Lob das Verhalten konkret beschreibt.
- ... die Belohnung immer einhergeht mit mündlichem Lob, das unmittelbar auf das Verhalten folgt.
- ... bei Nichterreichen eines Ziels nicht kritisiert wird, sondern die Gründe dafür gemeinsam überlegt werden.
- ... die Belohnungen langsam ausschleichen, bis sich das verstärkte Verhalten etabliert hat.

In Anhang 4 befindet sich eine Übersicht mit den wichtigsten Informationen zu den Grundprinzipien des Belohnens beim Aufbau von erwünschtem Verhalten.

5.5 Logische Konsequenzen bei Problemverhalten

Die Einführung von logischen Konsequenzen wird besonders häufig bei Externalisierenden Verhaltensauffälligkeiten wie Aggression, Unaufmerksamkeit, Impulsivität oder oppositionellem Verhalten angewendet. Diese Intervention basiert auf dem Wissen, dass die Konsequenzen, die auf Verhaltensweisen eines

Kindes folgen, darüber entscheiden, ob das Kind dieses Verhalten wieder zeigen wird oder nicht. Logische Konsequenzen sind unmittelbare Erziehungsmaßnahmen, die sich aus der Situation ergeben oder zu ihr passen. Sie stehen idealerweise in einem direkten zeitlichen und inhaltlichen Zusammenhang mit dem problematischen Verhalten. Dabei sollte das Kind die Konsequenz als unangenehm, aber nachvollziehbar empfinden. Logische Konsequenzen werden eingesetzt, um

- störendes Verhalten abzubauen (z. B. unsachgemäßer Gebrauch eines Gegenstands, aggressives Verhalten, Stören),
- deutlich zu machen, welches Verhalten nicht gewünscht ist und
- Verhaltensweisen von Lehrkräften vorhersehbar zu machen (welche Lehrerreaktion ist zukünftig zu erwarten, wenn dieses Verhalten wieder gezeigt wird?).

Wenn bekannt ist, welche Verhaltensweisen des Kindes wiederkehrend schwierig sind, wird in einem dafür vereinbarten Gesprächstermin zusammen mit den Eltern und dem Kind vorher besprochen, welches Verhalten welche logische Konsequenz auslöst, um dem Kind die Möglichkeit zu geben, sein Verhalten und die Folgen besser einzuschätzen.

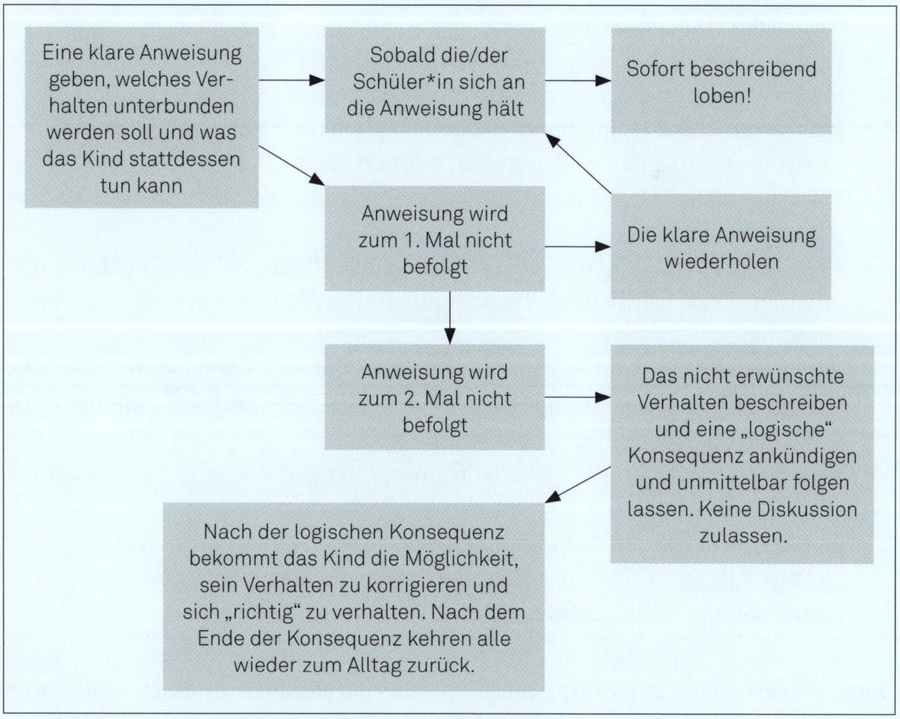

Abbildung 7: Stufen bei der Umsetzung einer logischen Konsequenz

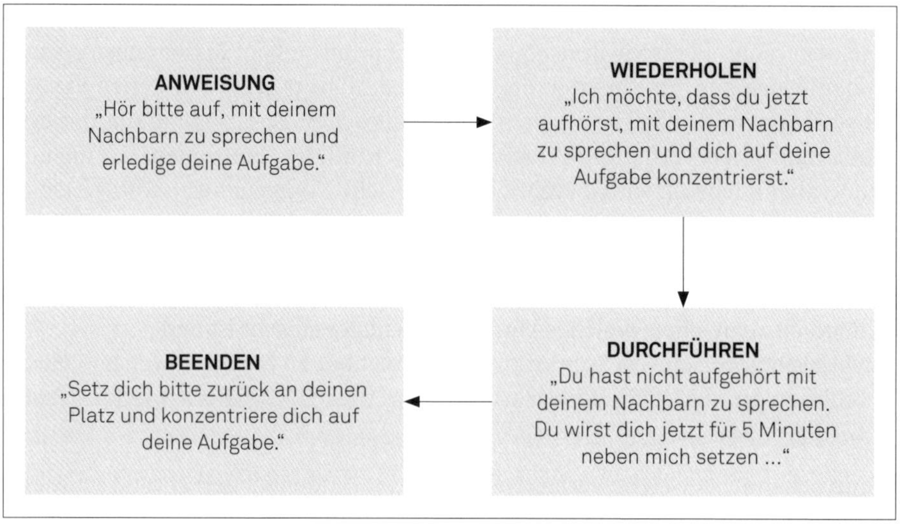

Abbildung 8: Beispiel des Ablaufs einer logischen Konsequenz

Beispiele für logische Konsequenzen

- Stören im Unterricht → Einen Platz in direkter Nähe zur Lehrkraft einnehmen; Änderung der Sitzordnung
- Fehlverhalten in der Pause → Bei der Pausenaufsicht aufhalten; Patenschaften für Pause mit älteren Schüler*innen schließen
- Jemandem etwas wegnehmen → Zurückgeben, sich entschuldigen
- Etwas kaputt machen → Reparieren oder ersetzen
- Unsachgemäßer Umgang mit einem Gegenstand → Wegnahme für einen bestimmten Zeitraum
- Respektloser Umgang mit der Lehrkraft (Beleidigen) → Unterbrechung der Situation; verschriftlichen, was angemessen ist; Gesprächstermin für Pause vereinbaren
- Respektloser Umgang mit anderen Schüler*innen → Schüler*in muss die Gruppe für einen bestimmten Zeitraum verlassen (im Raum bleiben, um Kontrolle über Verhalten zu behalten)
- Reinrufen in die Klasse → verbalisieren, dass die Antwort nicht beachtet wird/ignorieren
- Heftiger Konflikt mit jemand anderem → Lösungsplan entwickeln bei den „Streitschlichtern" (wenn vorhanden); Gesprächstermin vereinbaren, sofortige Trennung der Konfliktparteien

Eine Kopiervorlage zur Erarbeitung typischer Situationen in einer bestimmten Schulklasse und entsprechende Überlegungen zu logischen Konsequenzen befindet sich im Anhang 5.

5.6 Verhaltensvertrag schließen

Ein Verhaltensvertrag dient dazu, Absprachen verbindlich festzuhalten. Diese Verträge werden sprachlich an das Alter des Kindes angepasst und gemeinsam formuliert. Dazu werden die Vertragsbedingungen ausführlich diskutiert und „verhandelt" und am besten positiv verfasst. Statt „Ich rufe nicht in die Klasse" wäre eine positive Absprache „Ich melde mich und warte bis ich dran genommen werde". Denn, wenn man etwas nicht tun soll, muss man wissen, was stattdessen erwartet wird. Es ist hilfreich, die Verhaltensregeln so genau wie möglich zu beschreiben, um Missverständnisse zu vermeiden. Um das Kind nicht zu frustrieren, sollten Absprachen für das Kind aus eigener Kraft erfüllbar sein. Zu hoch gesteckte Ziele scheinen zunächst motivierend, bergen aber die Gefahr des schnellen Scheiterns. Der Vertrag bekommt eine Laufzeit (z. B. vier Wochen), nach der die Ergebnisse ausgewertet werden. Diese Methode wird häufig mit einem Verstärker-Plan kombiniert. Nach Unterrichtsschluss kann sich das Kind mit der Lehrkraft treffen und die (Teil-)Erfolge besprechen. Außerdem könnten Belohnungen übergreifend festgelegt werden, die sich nicht nur auf die Schule oder die Therapie beziehen (z. B. Eintrittskarten für ein Fußballspiel). Wenn die Absprachen erfüllt werden, können nach einigen Wochen neue Vereinbarungen besprochen und festgelegt werden. Die Schüler*innen gewinnen so die Zuversicht, dass sie selbst etwas an ihrer Situation verändern können.

Diese Verträge können mit einzelnen Kindern, aber auch mit der ganzen Klasse (z. B. Schul- oder Klassenregeln) geschlossen und im Klassenzimmer aufgehangen werden. Sie sollten von allen Beteiligten unterschrieben werden. Eine Kopiervorlage für einen Verhaltensvertrag befindet sich im Anhang 6.

5.7 Einsatz von Verstärker-Plänen

Um die oben genannten Maßnahmen der Verhaltenslenkung durch Konsequenzen (Verstärkung und Bestrafung) strukturiert einzusetzen, können Verstärker-Pläne eingesetzt werden. Hier wird festgehalten, wann welche Konsequenz für welches Verhalten eingesetzt wird. Verstärkerpläne sind sehr wirksame Interventionen, wenn sie richtig eingesetzt werden. Dabei sollten folgende Punkte beachtet werden:

- Ein Verstärker-Plan kann vom Kind selbst oder zusammen mit dem Kind gestaltet werden. Das erhöht die Attraktivität. Hier ist Kreativität gefragt. Hauptsache, der Plan gefällt dem Kind.
- Das erwünschte Verhalten muss eindeutig definiert werden. Wie soll ein Verhalten genau aussehen, damit es belohnt wird?
- Ein Verstärker/eine Belohnung verliert mit der Zeit an Attraktivität. Daher sollten immer wieder neue Verstärker mit dem Kind „ausgehandelt" werden.

- Was als belohnend empfunden wird, ist individuell unterschiedlich. Ein Verstärker-Plan sollte demnach für jedes Kind erstellt werden und nicht für alle Kinder gelten.
- Die Belohnung sollte nicht zu einfach (da nicht motivierend) und nicht zu schwierig (da frustrierend) zu bekommen sein.
- Die Laufzeiten solcher Verträge sollten überschaubar sein, damit deutlich wird, dass nach einiger Zeit das Verhalten erlernt ist und auch ohne Verstärker gezeigt wird.

Vorteile an schriftlich geführten Plänen sind, dass sie über den Schulalltag (Unterricht, Pausen, Schulweg) sowie darüber hinaus auch in der Freizeit unter elterlicher Kontrolle benutzt werden können. Verstärker-Pläne werden individuell an eine Situation angepasst. Es bestehen verschiedene Vorlagen. Zwei häufig verwendete Vorlagen sind der Token-Plan und das Response-Cost-Verfahren, die im Folgenden vorgestellt werden. Ein reiner Bestrafungsplan ist nicht sinnvoll.

Tabelle 7: Beispiel für einen Response-Cost-Plan

Verhalten		**Montag**	**Dienstag**	**...**
Am Anfang des Tages gibt es ein Plus von 5 Punkten				
	Pluspunkte			
Ich bleibe während der gesamten Unterrichtsstunde auf meinem Platz sitzen (außer, wenn es mir erlaubt wird, z. B. Toilette, Gruppenarbeit ...) (+ 3 P). Wenn es nur für 20 Minuten klappt (+ 1 P)				
In der letzten Pause bespreche ich diesen Plan und die Punkteverteilung mit meiner/-m Lehrer*in (+1 P)				
	Minuspunkte			
Ich benutze ein Schimpfwort (– 1 P)				
Ich esse oder trinke im Unterricht (– 1 P)				
Gesamtpunktzahl				
Unterschrift Lehrer*in				

1) *Token-Pläne* Hier erfolgt die Belohnung nicht unmittelbar, sondern erst nach der Sammlung einer bestimmten Anzahl an Punkten (Token). Klassische Token sind Spielmünzen, Aufkleber, Smileys, Murmeln oder Sternchen etc. Wenn eine bestimmte Anzahl Token gesammelt wurde, gibt es eine im Vorhinein abgesprochene Belohnung. Beispiele für Belohnungen für Kinder und Jugendliche sind kleine Spielsachen, Süßigkeiten, Kosmetik, Kinobesuch, Spielzeit mit den Eltern, Go-Kart fahren, Schwimmen gehen, Handy- bzw. Computerzeit oder Musik. Belohnungen sind nicht immer in der Schule umsetzbar. Daher ist eine enge Zusammenarbeit mit den Eltern notwendig.

2) *Response-Cost-Verfahren* Neben Belohnungen kann auch der Entzug von Verstärkern in einen Token-Plan eingebaut werden. In den sogenannten Response-Cost-Verfahren werden Token nicht nur vergeben, sondern werden aufgrund von vorher vereinbartem Fehlverhalten wieder entzogen. Dieses Verfahren wird vor allem bei Kindern eingesetzt, die hyperaktives oder aggressives Verhalten zeigen. Voraussetzung für ein Response-Cost-Verfahren ist, dass sich Lehrer*in und Schüler*in über nicht akzeptables Verhalten einig sind (z.B. Provokationen, Beleidigungen). Dieses Verhalten sollte eindeutig definiert und schriftlich festgehalten werden, damit in dem Moment, in dem ein Token entzogen wird, kein Konflikt entsteht. In diesem Fall würde ein Verweis auf die Vereinbarung ausreichen, um den Entzug eines Tokens zu begründen. Die folgenden Beispiele für Belohnungen beziehen sich überwiegend auf die Freizeit des Kindes, da es dort mehr Möglichkeiten gibt.

Tabelle 8: Beispiel für Belohnungen im Rahmen eines Response-Cost-Planes

Für 5 Punkte	15 Minuten länger Computer spielen	Eine Packung Kaugummis	Mit Mama ein Spiel meiner Wahl spielen		
Für 10 Punkte	Für 2,50 Euro im Schulshop etwas kaufen	Mit Mama ein Video (Kinderfilm) meiner Wahl gucken	Mit Papa ein Eis essen gehen	30 Minuten länger Computer spielen	Papa schaut 1× beim gesamten Training zu
Für 15 Punkte	Eine Wunschstunde im Sportunterricht	Eintrittskarte für Indoorspielplatz	Am Wochenende Pizza bestellen		

Belohnungen und deren Umsetzung müssen mit den Eltern vorher sorgfältig besprochen werden. Eine Kopiervorlage befindet sich in Anhang 7.

Tabelle 8 gibt Beispiele für mögliche Belohnungen im Rahmen eines Response-Cost-Plans. Außerdem befindet sich eine Kopiervorlage für einen Belohnungsplan, den die Kinder oder Jugendlichen selbst ausfüllen können, im Anhang 8. Anhang 9 enthält eine Kopiervorlage für die Punktevergabe im Rahmen eines Verstärker-Plans, der durch die Lehrkraft auszufüllen ist.

Für weitergehende Ausführungen zu Belohnungs- und Response-Cost-Plänen verweisen wir auf Linderkamp (2018).

Elterntrainings

Erziehungsverhalten kann sowohl Mit-Ursache als auch Folge von psychischen Problemen des Kindes sein. Es wird durch das Verhalten und die Persönlichkeit des Kindes mitbestimmt und verändert sich, wenn sich das kindliche Verhalten ändert. Elterntrainings haben zum Ziel, Erziehungskompetenzen von Eltern im Allgemeinen zu verbessern (z.B. Kommunikations- und Familienregeln, Grenzen setzen) und das Verhalten der Kinder und Jugendlichen zu steuern. Eltern werden z.B. angeleitet, aufmerksames, zugewandtes und sozial angemessenes Verhalten zu verstärken. Gleichzeitig wird erarbeitet, das Lebensumfeld so zu gestalten, dass es vorhersagbar und strukturiert ist. So können Risikosituationen entschärft und Kinder und Jugendliche unterstützt werden, sich an eindeutige Verhaltensregeln zu halten. Typische Situationen sind Hausaufgaben machen, Zubettgehen, Fernseher ausschalten, Handy für Ruhe-Konzentrations-Zeiten abgeben. Es ist sinnvoll, Regeln und Absprachen in der Schule und zu Hause aufeinander abzustimmen, um Missverständnisse und Frustrationen zu vermeiden.

Emotionale und Verhaltensauffälligkeiten entstehen besonders in Familien, in denen es Eltern schwer fällt

- liebevolle Zuwendung zu zeigen oder eine positive Bindung aufzubauen,
- vorhersagbares und konsistentes Erziehungsverhalten zu zeigen (das gleiche Verhalten mal verstärken, mal bestrafen, mal ignorieren),
- auf harte Bestrafungen zu verzichten (z.B. Anschreien, Beleidigen, körperliche Gewalt).

Elterntrainings können Eltern unterstützen, positive, gewaltfreie und nicht verletzende Erziehungsmaßnahmen zu nutzen. Dabei werden die Hilfen an die individuellen Voraussetzungen der Familie angepasst und in dem Ausmaß angeboten, wie es von den Eltern gewünscht wird. Es gibt in Deutschland eine Vielzahl von Elterntrainings. Bei der Auswahl sollte beachtet werden, ob es sich um ein allgemeines oder ein störungsspezifisches Elterntraining handelt, für welches Alter es entwickelt wurde und ob die Wirksamkeit nach einer wissenschaftlichen Überprüfung belegt ist. Störungsspezifische Elterntrainings sind inhaltlich auf die Kernsymptome einzelner Störungen ausgerichtet. Tabelle 9 gibt Beispiele für allgemeine und störungsspezifische Elterntrainings:

Tabelle 9: Wissenschaftlich überprüfte Elterntrainings in Deutschland (Auswahl)

Name und Autor	Alter	Dauer	Inhalte	Kontaktdaten/ Literatur
Problemspezifische Programme				
Triple P – Positive Parenting Program (Sanders) *Verhaltenstherapeutische Ausrichtung*	Alle Altersstufen	Je nach Intensität des Trainings von wenigen Minuten bis zu 12 Stunden als Einzel-, Gruppensetting oder als Selbsthilfeverfahren	Förderung positiver Erziehung (z. B. Familienregeln, Loben, wertvolle Zeit verbringen) Abbau negativer Erziehung durch Alternativen wie logische Konsequenzen, realistische Erwartungen entwickeln, Auszeit	http://www.triplep.de
* Starke Eltern – Starke Kinder (Honkanen-Schoberth) *Eklektische Ausrichtung*	Alle Altersstufen	8–12 Kurseinheiten à 2 Stunden	Vermittlung von mehr Sicherheit im Umgang mit der Elternrolle, Entwickeln eines individuell passenden Erziehungsstils, Familienwerte entwickeln (z. B. Kindern Mitsprache- und Mitbestimmungsrecht geben, positives Verhalten wertschätzen)	http://www.sesk.de
* Systematisches Training für Eltern und Pädagogen (STEP) (Dinkmeyer) *Individualpsychologische/ humanistische Ausrichtung*	Alle Altersstufen	10 Kurseinheiten à 2 Stunden	Verbesserung der Eltern-Kind-Beziehung durch Gleichstellung und -behandlung aller Familienmitglieder (u. a. Familienkonferenzen), Stärkung des kindlichen Selbstvertrauens (Loben), Umgang mit Problemverhalten (u. a. konsequentes Verhalten, logische Konsequenzen, Grenzen setzen)	http://www.instep-online.de

Tabelle 9: Fortsetzung

Name und Autor	Alter	Dauer	Inhalte	Kontaktdaten/ Literatur
Problemspezifische Programme				
Therapieprogramm für Kinder mit hyperkinetischem und oppositionellem Problemverhalten (THOP) (Döpfner et al.)	3–12	21 Behandlungsbausteine, die je nach individuellem Bedürfnis ausgewählt werden	Reduktion oppositionell-aggressiver Verhaltensweisen durch u.a. Spiel- bzw. Selbstinstruktionstrainings, Stimuluskontrolle, Verstärkung von erwünschtem Verhalten, Familienregeln, Stärkung der Eltern-Kind-Beziehung durch gemeinsame Aktivitäten	Döpfner, M., Frölich, J. & Schürmann, S. (2013). Therapieprogramm für Kinder mit hyperkinetischem und oppositionellem Problemverhalten. Weinheim, Basel: Beltz.
Kompetenztraining für Eltern sozial auffälliger Kinder (KES) (Lauth & Heubeck)	6–12	7 wöchentliche Trainingseinheiten	Reduktion familiärer Stresssituationen durch positive Spielzeit, Wahrnehmung eigener Gefühle, Anpassung alltäglicher Abläufe, logische Konsequenzen, Stellen von angemessenen Aufforderungen	Lauth, G.W. & Heubeck, B. (2006). Kompetenztraining für Eltern sozial auffälliger Kinder (KES). Göttingen: Hogrefe.

Anmerkung: * Diese Programme wurden nicht auf die Wirksamkeit der Intervention auf das Problemverhalten der Kinder geprüft, stattdessen wurde lediglich geprüft, ob die Eltern das Programm akzeptieren.

5.8 Hilfreiche Leitsätze

Die bisher genannten Methoden sind vornehmlich auf externalisierende Probleme gerichtet. Ein Nachteil ist, dass andere Schüler*innen diese Intervention mitbekommen und dass diese einen relativ hohen Begleitaufwand der Lehrkraft voraussetzen. Eine alternative oder auch ergänzende Maßnahme zur Unterstützung von Verhaltensänderungen bei Schüler*innen kann der Einsatz von hilfreichen Gedanken oder Leitsätzen in schwierigen, belastenden Situationen sein. Dieser Ansatz baut auf dem psychologischen Wissen auf, dass die Art und Weise wie wir über uns selbst oder bestimmte Dinge denken unsere Gefühle und unser Verhalten bestimmen. Wenn ein Gedanke negativ ist, z. B. „Ich kann das nicht", führt er zu Versagensangst und in der Folge zu einer Hemmung der Leistung oder zur Vermeidung einer Situation. Umgekehrt kann man einen verbesserten Leistungsabruf durch einen veränderten Gedanken erreichen.

Wie entwickelt man hilfreiche Leitsätze? Mithilfe der oben genannten Gesprächsmethoden überlegen Lehrkraft und Schüler*in zunächst, welche Gedanken typischerweise in schwierigen Situationen aufkommen („Was denkst du über deine eigenen Fähigkeiten?", „Wie stehst du zu deinen Klassenkamerad*innen/Was denken sie wohl über dich?"). In einem nächsten Schritt werden alternative, positive, aber rationale Gedanken gesammelt. Hier ist es wichtig, dass das Kind diese Gedanken für plausibel hält und sich damit identifizieren kann. Beispielsweise könnte es für Schüler*innen mit sozialer Angst hilfreich sein, sich zu sagen: „Ich weiß nicht alles, aber eine ganze Menge". Dieser Gedanke beruhigt und löst Zuversicht aus.

Die hilfreichen Gedanken können auf Karten aufgeschrieben werden, damit rationale Gedanken zur Verfügung stehen und automatische Gedanken korrigiert werden können. Die hilfreichen Gedanken können auch in Form eines Mottos oder eines Symbols (Aufkleber auf dem Federmäppchen) symbolisiert werden.

5.9 Entspannungsverfahren

Der Schulalltag ist für Schüler*innen mitunter hektisch, was konzentriertes Arbeiten erschwert. Entspannungsverfahren sind einfache Übungen, die den Schüler*innen helfen, innere Ruhe und Entspannung im Schulalltag zu erreichen. Das Ziel dieser Übungen ist, dass die Kinder und Jugendlichen wieder aufnahmefähig werden und sich am Unterricht beteiligen können. Es macht daher Sinn, wenn gerade Kinder und Jugendliche mit Aufmerksamkeitsschwierigkeiten durch regelmäßige Pausen und Entspannungsübungen lernen, am Schulalltag teilnehmen zu können. Entspannung kann in herausfordernden Situationen sowohl

- vorher (z.B. Klassenarbeit),
- währenddessen (z.B. wenn für eine Aufgabe viel Zeit benötigt wird und die Konzentration schwerfällt) oder
- danach (z.B. nach dem Sportunterricht, um körperliche Erregung zu regulieren) angewandt werden.

Entspannungsverfahren wie Atemübungen, progressive Muskelentspannung, autogenes Training, Phantasiereisen oder Entspannungsbilder können im Alltag, in der Schule oder auch in psychotherapeutischen Behandlungen angewendet werden. Drei Beispiele sind im Anhang als Kopiervorlage abgedruckt (Anhang 10). Eine praxisnahe Beschreibung für die Umsetzung von Entspannungsverfahren in der Schule findet sich auch unter dem folgenden Link auf der Webseite der Unfallkasse: www.unfallkasse-nrw.de/fileadmin/server/download/praevention_in_nrw/praevention_nrw_65.pdf.

6 Problemspezifische Fördermöglichkeiten

Im folgenden Kapitel wollen wir auf ausgewählte Emotionale und Verhaltensauffälligkeiten von Schüler*innen eingehen, die häufig vorkommen und besonders relevant im Schulalltag sind. Bei einigen Lehrkräften entsteht der Eindruck, dass sie neben ihrem Beruf immer wieder mit Aufgaben konfrontiert werden, die in den Arbeitsbereich der Sozialarbeit, Psychologie oder Medizin gehören. Daher ist es wichtig, zu Beginn dieses Kapitels zu betonen, dass es nicht darum geht, in der Schule eine Diagnose zu stellen. Es geht darum, ein Verhalten, das ein Kind zu einem bestimmten Zeitpunkt zeigt, als „auffällig" oder „unauffällig" im Vergleich zu Gleichaltrigen zu erkennen. Hierfür stellen wir Diagnostik-Checklisten vor, die von Lehrkräften und/oder den Schüler*innen ausgefüllt werden. Diese Verhaltenserfassung kann eine Grundlage für Elterngespräche oder den Austausch im Kollegium oder mit psychotherapeutisch Behandelnden sein. Wir möchten daran anschließend konkrete und pragmatische Tipps geben, die im Unterricht Kinder und Jugendliche unterstützen können, ohne dabei gleich eine umfassende Umstellung des Lehrkonzepts oder andere weitreichende Schritte unternehmen zu müssen. Manchmal genügen schon kleine Anpassungen des Verhaltens der Lehrkraft an das Problemverhalten, die dem Kind oder Jugendlichen helfen, dem Unterricht besser folgen zu können und sein Problemverhalten zu vermindern.

Bevor die im Folgenden genannten Strategien im Umgang mit Problemverhalten umgesetzt werden, sollte in jedem Fall zunächst das Gespräch mit den betroffenen Schüler*innen gesucht werden. Dabei sollten die im Abschnitt 5.1 genannten Gesprächsstrategien genutzt werden. Gegebenenfalls muss in einem nächsten Schritt das Problemverhalten genauer beobachtet werden, um es einordnen zu können. Angepasst an das spezifische Problemverhalten können dann die im Folgenden aufgeführten Strategien zur Anwendung kommen. Generell bietet es sich an, sich bezüglich problematischer Verhaltensweisen mit vertrauten Kolleg*innen oder (falls vorhanden) Beratungslehrer*innen auszutauschen. In der Psychologie werden oft auch Rollenspiele mit Kolleg*innen genutzt, um neue Strategien unter kontrollierten, sicheren Bedingungen auszuprobieren und einzuüben, bevor sie zum Einsatz kommen. In Rollenspielen erfährt man die Situation außerdem aus der Perspektive der betroffenen Schüler*in, was zum besseren Verstehen beitragen kann.

6.1 Diagnostische Verfahren im Schulalltag

Zur besseren Einschätzung von Emotionalen Problemen und Verhaltensauffälligkeiten eignen sich diagnostische Verfahren, die für Schulanforderungen und -umgebung entwickelt wurden. *Die vorgestellten Verfahren sollen dazu dienen, Hinweise zu sammeln, inwiefern Bedarf für weitere Beratung besteht.* Für eine erste Einschätzung möglicher Verhaltensprobleme ist es sinnvoll, das problematische Verhalten möglichst objektiv über einige Wochen hinweg durch die in der Klasse tätigen Kolleg*innen zu dokumentieren. Hier eignet sich ein rasch auszufüllendes Verhaltensprotokoll. Ausmaß und Verlauf einer möglichen Problematik werden dadurch messbar gemacht. Hier ist es sinnvoll, neben der Art des problematischen Verhaltens zusätzlich zu erfassen, unter welchen Umständen das Verhalten auftritt, also was davor und danach geschieht, sodass Zusammenhänge zwischen kindlichem Verhalten und Umgebungsbedingungen erkannt werden. Tabelle 10 zeigt ein Beispiel für eine solche Verhaltensbeobachtung. Hier wird beobachtet, wie häufig ein Kind schüchternes Verhalten zeigt, und wann dieses Verhalten auftritt.

Tabelle 10: Beispiel für Verhaltensbeobachtung

Verhalten	Wann und wo trat es auf?	Was geschah vorher?	Was geschah nachher?	Weitere Bemerkungen
wird rot, schaut weg, spricht nicht	Hausaufgabenbesprechung	wurde gefragt, ob sie Hausaufgaben vortragen möchte	wurde von Mitschüler*in „rote Bombe" genannt und ausgelacht	beteiligte sich nicht mehr

An diesem Beispiel wird deutlich, dass das schwierige Verhalten „rot werden, wegschauen und Beteiligung am Unterricht vermeiden" im Zusammenhang mit einer sozialen Interaktion stand. Unterstützung sollte immer eingeholt werden, wenn Kinder über längere Zeit Verhaltensauffälligkeiten zeigen, und davon ihre Leistungsfähigkeit und Wohlbefinden beeinträchtigt werden. Eine Kopiervorlage für Verhaltensbeobachtungen befindet sich im Anhang 11.

6.1.1 Lehrereinschätzliste für Sozial- und Lernverhalten (LSL) (Petermann & Petermann, 2013)

Die LSL erfasst mit geringem zeitlichen Aufwand das Sozial- und Lernverhalten im Schulkontext im Alter von 6 bis 19 Jahren. Die Lehrkraft gibt an, inwieweit vorgegebene Aussagen auf eine*n Schüler*in zutreffen. Hierbei wird eine vierstufige Skala von „Verhalten tritt nie auf" bis zu „Verhalten tritt häufig auf" verwendet.

Mithilfe einer Auswertungsschablone ergibt sich eine Beurteilung des Sozial- und Lernverhaltens. Im Folgenden finden Sie drei Beispielitems für Fragen zum Sozialverhalten:

- Kooperation: „Arbeitet mit anderen in einer Gruppe zusammen."
- Selbstwahrnehmung: „Sieht bei Konflikten mit anderen eigene Fehler."
- Selbstkontrolle: „Kontrolliert impulsives Verhalten."

Die Durchführung dauert ca. 5 Minuten und die Auswertungszeit ca. 2 Minuten. Die LSL kann zur Entwicklungsbeurteilung von Schüler*innen – auch zu mehreren Zeitpunkten – genutzt werden.

6.1.2 Schülereinschätzliste für Sozial- und Lernverhalten (SSL) (Petermann & Petermann, 2014)

Die SSL stellt die Schülerversion der Lehrereinschätzliste für Sozial- und Lernverhalten (s. o.) dar und ist ab der vierten Jahrgangsstufe anwendbar. Auch hier wird mithilfe von vorgegebenen Aussagen das Sozial- und Lernverhalten der letzten vier Wochen erfasst. Diese Beurteilung kann Hinweise auf psychische Problematiken oder Förderbedarf geben. Auch diese Checkliste ist schnell bearbeitet, mit einer geschätzten Durchführungszeit von ca. 10 Minuten und einer Auswertungszeit von ca. 2 Minuten. Hier schätzen die Schüler*innen selbst auf einer vierstufigen Skala von „nie" bis „oft" ein, inwiefern ein Verhalten zutrifft. Beispiele sind: „Ich möchte meine Aufgaben selber schaffen", „Ich passe gut im Unterricht auf, damit ich alles verstehe" oder „Ich kann in einer Gruppe gut mitreden."

6.1.3 Schulische Einschätzung des Verhaltens und der Entwicklung (SEVE) (Hartke & Vrban, 2016)

Lehrkräfte schätzen hier das Verhalten von Schüler*innen ein, indem sie angeben, wie stark ein bestimmtes Verhalten bzw. bestimmte Aspekte eines Verhaltens zutreffen:

- Arbeitsverhalten (Motivation, Konzentration, Aufmerksamkeit)
- Aggression
- Angst
- Absentismus
- Soziale Integration

Zusätzlich zu den oben genannten Checklisten werden hier auch Bereiche untersucht, die Hinweise auf eine psychische Problematik ergeben können. Die Auswertung erfolgt durch das Bilden eines Summenwerts. Wenn dieser Schätzwert eine bestimmte Summe überschreitet (Cut-off-Wert), sprechen die Autoren von einem Wert mit „Hinweischarakter auf ein Problem", der die Grenze zu den am schlechtesten eingeschätzten 10 % einer Zufallsstichprobe markiert. Die Beurteilung findet demnach auf Grundlage eines Gleichaltrigenvergleichs statt. Auf einem Arbeitsblatt kann festgehalten werden, welche Verhaltensweisen gefördert werden sollen, über welche Ressourcen das Kind verfügt und mit welchen Mitteln die Förderung erfolgen soll. Auf einem weiteren Arbeitsblatt werden Lehrkräfte angeleitet, die Fortschritte auf einer Skala zu bewerten und so die Erfolge ihrer Fördermaßnahmen festzuhalten. Diese Arbeitsblätter dienen letztendlich auch der Einschätzung, inwieweit die Mittel, die in der Schule zur Verfügung stehen, ausreichen, um ein Kind zu unterstützen. Auch dieses Ergebnis kann Grundlage für ein Gespräch mit Eltern, Kolleg*innen oder Fachleuten in der Heilkunde sein.

6.1.4 Teacher's Report Form (TRF) (Döpfner et al., 2014)

Die TRF ist ein weltweit etabliertes Instrument und gehört zu einer Gruppe von Checklisten („Child Behavior Checklisten"), die die häufigsten Verhaltensprobleme im Kindes- und Jugendalter abfragen. Der TRF wurde 1993 von der Arbeitsgruppe „Deutsche Child Behavior Checklist" aus dem Englischen übersetzt und für den deutschen Markt veröffentlicht. Diese Checklisten gibt es für alle Altersstufen vom Kindergarten bis zur Volljährigkeit und für unterschiedliche Auskunftspersonen, wie z. B. Eltern, Jugendliche selbst, Erzieher*innen und auch Lehrkräfte. Der TRF bezieht sich auf 93 Probleme, die auch in einem Elternfragebogen erfragt werden, plus 27 Fragen zum Verhalten im Schulkontext. Diese Liste ist ausführlicher als die oben genannten Checklisten. Beispiele für Problembereiche sind: Ängstlichkeit, Depressivität, körperliche Beschwerden, soziale Probleme, Aufmerksamkeitsprobleme, regelverletzendes und aggressives Verhalten. Für die Auswertung werden Summenwerte gebildet. Es entsteht ein übersichtliches Profil, aus dem man die Relevanz der Problembereiche gut ablesen kann. Ob ein Verhalten auffällig ist, kann anhand von vorgegebenen Grenzwerten bestimmt werden. Außerdem können Gesamtwerte errechnet werden, die zeigen, ob es sich um internalisierende oder externalisierende Probleme handelt. Lehrkräfte benötigen für das Ausfüllen des Fragebogens in der Regel etwa 15 bis 20 Minuten.

Die Interpretation und Auswertung sollte in Zusammenarbeit mit geschulten Psycholog*innen stattfinden.

Wenn die strukturierte Beobachtung Hinweise auf eine psychische Problematik ergibt, sollte eine professionelle diagnostische Untersuchung stattfinden. Diese kann bei Kinder- und Jugendlichenpsychotherapeut*innen, Psychologischen Psychotherapeut*innen mit Zusatzqualifikation für Kinder- und Jugendlichenpsychotherapie oder Kinder- und Jugendpsychiater*innen erfolgen.

6.2 Problemspezifisches Vorgehen

Im Folgenden sollen nun spezifische Unterstützungsempfehlungen für die wichtigsten psychischen Problembereiche bei Schüler*innen gegeben werden.

6.2.1 Unsichere/sozial ängstliche Schüler*innen

Diese Schüler*innen fallen im Unterricht oft nicht auf, da sie leise und zurückhaltend sind und den Unterricht nicht stören. Bei genauerem Hinschauen fällt aber auf, dass sie viele, oft subtile Formen von Vermeidungsverhalten zeigen. Folgende Verhaltensweisen können Hinweise auf Angstprobleme sein:

- Meldet sich gar nicht oder selten
- Spricht sehr leise, mit zittriger Stimme
- Wird leicht rot
- Vermeidet Blickkontakt beim Reden vor der Klasse
- Ist bei Schularbeiten häufig krank/vermeidet Vorträge/übernimmt nie die Sprecher*innenrolle bei Kleingruppenarbeiten

Eine ausführliche Beschreibung der Symptome von Angsterkrankungen findet sich in Abschnitt 1.2.2.

Mögliche Interventionen/Hilfen/Fördermöglichkeiten

- Das Gespräch suchen und Unterstützung anbieten.
- Bei ausreichender Motivation so oft wie möglich vermiedene Situationen/Handlungen üben. Begonnen werden kann mit ganz einfachen Aufgaben.
- Gemeinsam hilfreiche Gedanken erarbeiten, die z.B. helfen, ein Referat zuversichtlich durchzuführen (vgl. Tabelle 11).
- Raten, schwierige angstmachende Situationen nicht aufzuschieben, sondern zeitnah zu erledigen.

Tabelle 11: Beispiele für hilfreiche Gedanken für sozial ängstliche Schüler*innen

Vor dem Referat	Während des Referats	Nach dem Referat
Ich habe mich sehr gut vorbereitet.	Ich habe es gleich geschafft.	Ich bin stolz auf mich!
Andere müssen auch Referate halten.	Andere machen auch Fehler.	Ich habe es geschafft!
Ich habe schon schlimmere Situationen gemeistert.	Wenn ich etwas Falsches sage, kann ich es korrigieren.	Es war nicht so schlimm, wie ich dachte.

Tabelle 11: Fortsetzung

Vor dem Referat	Während des Referats	Nach dem Referat
Ich weiß nicht alles, aber eine Menge.	Ich spreche langsam und ruhig.	Das war ein wichtiger Schritt für mich.
Ich atme ruhig durch die Nase in den Bauch.	Andere können nicht sehen, dass ich aufgeregt bin.	Ich bin gespannt auf die Rückmeldung.
Ich schaffe das!	Ich halte Blickkontakt mit ... (Lehrkraft, Freundin)	Jetzt kann ich mich ausruhen.

Eine Kopiervorlage für das Erstellen einer Liste mit hilfreichen Gedanken befindet sich in Anhang 12.

6.2.2 Niedergeschlagene/depressive Schüler*innen

Auch diese Schüler*innen stören nicht den Unterricht und halten sich ruhig im Hintergrund, sodass sie Lehrkräften meist nicht auffallen. Jedoch steht bei manchen Formen der Depression im Kindes- und Jugendalter eine beobachtbare Reizbarkeit, Verärgerung, trotziges oder aggressives Verhalten statt niedergeschlagener und depressiver Stimmung im Vordergrund. Wichtigstes Merkmal von Depressionen ist, dass es zu Stimmungsveränderungen einer Person kommt, die i. d. R. für vertraute Bezugspersonen zu beobachten sind. Folgende Verhaltensweisen im Kontext der Schule können Hinweise auf eine depressive, niedergeschlagene Stimmung bei Kindern und Jugendlichen geben:

- Plötzlicher Leistungsabfall, Abfall des Konzentrations- und Durchhaltevermögens
- Interessenlosigkeit, Motivationsabfall
- Abbau von Aktivitäten (z. B. nicht mehr an freiwilligen Schulaktivitäten teilnehmen)
- Rückzug aus sozialen Interaktionen
- Negative, pessimistische Äußerungen: „Ich lerne es nie“, „Niemand mag mich“, „Das kann doch jeder“
- Müdigkeit/Erschöpfbarkeit, in seltenen Fällen kann aber auch eine Unruhe und Übererregung zu beobachten sein
- Vermehrtes Klagen über Kopf- und Bauchschmerzen
- Anstieg von Fehlzeiten

Eine ausführliche Beschreibung der Symptome von Depressionen findet sich in Abschnitt 1.2.2.

Mögliche Interventionen/Hilfen/Fördermöglichkeiten
- Das Gespräch suchen und Unterstützung anbieten.
- Aufbau täglicher angenehmer Aktivitäten besprechen (vgl. Tabelle 12) und mit Schüler*in möglichst verbindlich festlegen.
- Jeden Ansatz von Aktivität loben: „Super, dass du dich freiwillig für den Pausendienst gemeldet hast!".
- Unangemessene Äußerungen nicht stehen lassen sondern logisch hinterfragen (Realitätscheck): „Wenn du heute eine 4 bekommen hast, heißt das wirklich, dass du das Abitur nicht schaffen kannst?".
- Erfolgserlebnisse ermöglichen und Aufgaben in machbare Schritte aufteilen, z. B.: Vorbereitung auf die Klassenarbeit in kleine Lerneinheiten einteilen und Schritt für Schritt besprechen.

Tabelle 12: Beispiele für angenehme Aktivitäten für Schüler*innen

• Sport machen (Joggen, Yoga, Fitness-Center)
• Musik hören oder Musik machen
• Lesen (Zeitschrift, Bücher, Comics)
• Eine Serie schauen
• Mit Freunden etwas unternehmen (Schwimmen gehen, Eis essen, Kino, Picknicken, ...)
• Teilnahme an einer AG (Theater, Umwelt, Chor)
• Freiwilliges Engagement (viele gemeinnützige Vereine und Organisationen bieten Jugendehrenämter an, z. B. in sozialen Bereichen, Umwelt, Politik)
• Ein Lieblingsspiel spielen (z. B. Gesellschaftsspiel oder Bewegungsspiel)
• Anderen etwas Gutes tun (z. B. backen, im Garten helfen, Oma besuchen)
• usw.

6.2.3 Verdacht auf nicht-suizidales selbstverletzendes Verhalten (NSSV)

Dieses Störungsbild ist vergleichsweise neu und es wird immer wieder von Epidemien von NSSV in Schulen berichtet. Die folgenden Merkmale können im Kontext der Schule auf das Vorliegen einer NSSV hinweisen:
- Häufige nicht erklärbare Narben, Verletzungen (v. a. an Armen, Hüfte, Bauch)
- Verbergen von Körperstellen, die verletzt wurden, z. B. durch unangemessene Kleidung (z. B. langärmliger Pullover bei hohen Temperaturen) oder Weigerung, sich öffentlich umzuziehen (Turnunterricht, Schwimmen, ...)

- Nachlassende Schulleistungen
- Zeichen depressiver Verstimmung
- Drogenkonsum
- Besitz von Rasierklingen, Glasscherben, etc.
- Extreme Wut- oder Trauerreaktionen

Eine ausführliche Beschreibung der Symptome von NSSV findet sich in Abschnitt 1.2.2.

Mögliche Interventionen/Hilfen/Fördermöglichkeiten
- Das Gespräch suchen und Unterstützung anbieten. Unaufgeregt und beruhigend auf die Verletzungen reagieren: „Wir versorgen deine Verletzung jetzt erstmal", „Lass uns anschließend in Ruhe überlegen, welche Unterstützung du brauchst".
- Eine Versorgung der Verletzungen initiieren.
- Ggf. weitere Einzelgespräche führen:
  - Belastungssituationen in der Schule identifizieren und besprechen
  - Über Hilfsangebote von Beratungsstellen, Kinder- und Jugendlichenpsychotherapieambulanzen etc. informieren.

6.2.4 Verdacht auf Suizidalität

Schädigungen, die zum Tod führen sollen, werden suizidale Handlungen genannt. Trotz jahrelanger und umfangreicher Forschung zur verlässlichen Vorhersage von Suiziden können letztendlich auch Expert*innen nur sehr schwer beurteilen, ob ein Kind oder Jugendlicher eindeutig suizidgefährdet ist. Eine Suizidgefährdungsabklärung kann nur durch Expert*innen wie Kinder- und Jugendlichenpsychotherapeut*innen oder Kinder- und Jugendpsychiater*innen erfolgen.

Allerdings gibt es Verhaltensweisen und Äußerungen, die auf eine Suizidgefährdung hinweisen können (siehe hierzu die Kopiervorlage zur Risikoeinschätzung in Anhang 13):
- Wird das eigene Aussehen vernachlässigt?
- Gibt es einen (starken) Rückzug von Personen oder Tätigkeiten, für die früher Interesse bestand?
- Werden persönliche Wertgegenstände verschenkt?
- Werden persönliche Angelegenheiten geregelt?
- Zeigt sich eine starke Beschäftigung mit dem Thema „Tod" und Sterben (in Zeichnungen, Gedichten und Aufsätzen, Musik, offene oder verhüllte Selbstmorddrohungen, wie z. B.: „Ohne mich wärt ihr besser dran!", „Ich mag nicht mehr")?
- Werden übermäßig Alkohol oder Drogen konsumiert?

- Zeigt sich eine plötzlich gehobene Stimmung bei einer bis dahin depressiven Schüler*in (Selbstmordabsicht als Lösung für alle Probleme)?
- Hat das Kind oder der Jugendliche häufige Unfälle oder körperliche Beschwerden ohne medizinische Erklärung?
- Gab es vorangegangene Suizidversuche?
- Gab es Krisen oder Abschiede, ggf. auch Verluste durch Tod oder Trennung, im nahen Umfeld und in engem zeitlichem Zusammenhang?

Wichtig

Alle Lehrkräfte sollten wissen, wie sie sich im Falle von Hinweisen auf Suizidalität oder in einer Notfallsituation verhalten müssen. Hierzu ist es sinnvoll, Leitlinien oder Standardarbeitsanweisungen zum Umgang mit suizidgefährdeten Schüler*innen im Kollegium regelmäßig zu besprechen und diese auch schriftlich für das gesamte Lehrpersonal verbindlich zu formulieren und zur Verfügung zu stellen (z. B. im Karteikartenformat für den Taschenkalender).

Was können Lehrkräfte tun?

Bei Hinweisen auf Suizidgedanken

Suizidgedanken sollten offen angesprochen werden, z. B.:
- „Denkst du häufiger an den Tod?"
- „Denkst du daran, dir etwas anzutun?"
- „Hast du schon einmal versucht, dir etwas anzutun?"

Falls mindestens eine der oben genannten Fragen bejaht wird, sollte unmittelbar ein Gespräch stattfinden – auch wenn dadurch die eigene Tätigkeit unterbrochen werden muss (immer beim Kind bleiben – auch bei der Organisation einer Vertretung). Das weitere Vorgehen folgt den Richtlinien oder Standardanweisungen der jeweiligen Schule, die jedem bekannt sein muss.

Eine Kopiervorlage für einen Notfallplan für Lehrkräfte für den Fall, dass ein Schüler oder eine Schülerin Suizidabsichten äußert, befindet sich im Anhang 14.

Bei suizidaler Handlung in der Schule

Für den direkten Umgang mit suizidalen Kindern und Jugendlichen gelten folgende Richtlinien:
1) Bei Minderjährigen: Eltern informieren und veranlassen, dass diese mit den Kindern in die Notfallaufnahme der Kinder- und Jugendpsychiatrie zur Suizidabklärung müssen. Wenn diese sich weigern oder nicht erreichbar sind, muss der sozialpsychiatrische Dienst, Notarzt, Feuerwehr [s. Anhang] oder die Polizei informiert werden.

2) Bei Volljährigen: Sozialpsychiatrischen Dienst, Notarzt, Feuerwehr oder Polizei benachrichtigen (oder die Eltern), um die betroffene Person zur Suizidabklärung in eine Erwachsenenpsychiatrie zu bringen.
3) Vorfall dokumentieren.
4) Vorgesetzten sofort informieren.

Hinweis

Die Nachricht über Suizide oder Suizidversuche wird gerade medial schnell verbreitet. Daher ist es wichtig, in der Klasse über dieses Thema altersgerecht zu sprechen. Was ist passiert und wie kann man sich selbst schützen? Die Weitergabe von Hilfewegen und Notfallnummern kann dabei unterstützen, einem Nachahmer-Effekt vorzubeugen.

Kontaktadressen für eine Krisenintervention

Online-Suchdienst für Beratungsstellen
Deutsche Arbeitsgemeinschaft für Jugend und Eheberatung e.V. (DAJEB)
http://www.dajeb.de/

Telefon-Seelsorge Deutschland
kostenlos bundesweit erreichbar unter 0800/111 0 111 oder 0800/111 0 222

Onlineberatung der Telefonseelsorge
http://www.telefonseelsorge.de

Kinder- und Jugendtelefon Nummer gegen Kummer
kostenlos bundesweit erreichbar unter 0800/111 0 333

Elterntelefon
kostenlos bundesweit erreichbar unter 0800/111 0 555

Online Jugendberatung Youth-Life-Line
https://www.youth-life-line.de/

Ambulanzen
Universitäts- oder Hochschulambulanzen für Kinder- und Jugendlichenpsychotherapie bieten teilweise auch Krisendienste und kurzfristige Beratungen an.

Örtliche Kinder- und Jugendpsychiatrien

Das Ministerium für Schule und Bildung des Landes NRW hat weiterführende Informationen für Lehrkräfte über die Ursachen und Schutzmaßnahmen bei suizidalem Verhalten herausgegeben: http://schulpsychologie.nrw.de/cms/upload/dokumente/pdf/schuelersuizid_praevention.pdf

6.2.5 Unaufmerksame, hyperaktive Schüler*innen

Hyperaktives, unaufmerksames Verhalten gehört zu den von Lehrkräften am häufigsten berichteten Verhaltensproblemen und ist im Unterschied zu den o.g. emotionalen Problemen gut beobachtbar. Doch nicht jedes unaufmerksame/hyperaktive Verhalten muss gleich eine hyperkinetische Störung sein. Eine Abklärung dieses Störungsbilds muss durch Expert*innen wie Kinder- und Jugendlichenpsychotherapeut*innen oder Kinder- und Jugendpsychiater*innen erfolgen. Folgende Merkmale im Kontext der Schule können Hinweise auf Aufmerksamkeitsdefizite und hyperaktives Verhalten sein:

- Unaufmerksamkeit und leichte Ablenkbarkeit bei Stillarbeiten
- Häufiges Vergessen von Hausaufgaben, Turnbeutel etc.
- Nicht richtig Zuhören
- Reinrufen in den Unterricht, häufiges unerlaubtes Reden
- Während des Unterrichts unerlaubt den Sitzplatz verlassen
- Anstrengendere, komplexere Aufgaben werden vermieden bzw. nicht gemacht
- Probleme, Aufgaben zu organisieren, z.B. in Teilschritte aufzuteilen und einen Plan zu entwickeln

Eine ausführliche Beschreibung der Symptome der Hyperkinetischen Störung/ADHS findet sich in Abschnitt 1.2.1.

Mögliche Interventionen/Hilfen/Fördermöglichkeiten

- Reizarme, vorhersagbare Lernumgebung schaffen:
  - Sitzplatz in der Nähe der Lehrkraft oder leistungsstärkeren Mitschüler*innen und nicht in der letzten Reihe.
  - Strukturierter Arbeitsplatz, der nur die Materialien bereithält, die für die zu bearbeitende Aufgabe notwendig sind.
  - Ein gutes Rollenmodell als Sitznachbar*in wählen. Es kann gemeinsam überlegt werden, wer sich dafür eignen würde.
- Externe Aufmerksamkeitssteuerung durch einen Erwachsenen (Lehrkraft, Integrationskraft):
  - Klare Anweisungen geben.
  - Transparenz über Umfang und Zeitaufwand einer Aufgabe.
  - Verbale oder non-verbale Ruhe-Zeichen geben.
  - Feste Regeln einhalten und engmaschig daran erinnern (z.B. nicht aufstehen, melden, nur mit Lernmaterialien beschäftigen).
- Wechsel von Lehrmethoden: z.B. Frontalunterricht gefolgt von Kleingruppenarbeit oder einem Lernspiel.
- Loben, loben, loben! Unmittelbares Lob für aufmerksames, nicht störendes Verhalten: z.B. „Super, dass du es geschafft hast, in dieser Stunde auf deinem Platz sitzen zu bleiben!“.
- Regelmäßige Pausen mit ggf. Entspannungsübungen.
- Regelmäßige (angeleitete) Angebote (z.B. in den Schulpausen), um motorisch aktiv zu sein.

6.2.6 Aggressive Schüler*innen

Aggressives Verhalten von Schüler*innen ist für das Klassen- und Schulklima schädlich und es bedarf klarer Umgangsweisen damit. Aggressives Verhalten findet meist offen, aber in Zeiten sozialer Medien auch verdeckt statt. Im Schulkontext kann es u.a. folgende Erscheinungsformen haben:
- Ärgern/Hänseln oder Gerüchte verbreiten
- Bedrohen oder Erpressen
- Schlagen, Treten oder andere Formen der Gewalt
- Provokationen aussprechen
- Stehlen oder Beschädigen von fremdem Eigentum

Mögliche Interventionen/Hilfen/Fördermöglichkeiten
- Klare und eindeutige Definition von aggressivem/antisozialem Verhalten geben.
- Kommunikation und Diskussion transparenter, eindeutiger Schul- und Klassenregeln zum Umgang mit aggressivem Verhalten (z.B. in Form von Postern im Klassenzimmer).
- Regelmäßige „Klassenkonferenz" zu den Themen: 1) Wie wollen wir miteinander umgehen, 2) Was war in der letzten Woche gut? 3) Was wünschen wir uns anders?
- Konsequente Einhaltung grundlegender sozialer Regeln im Unterricht und
  - sofortige Ahndung von aggressivem/antisozialem Verhalten,
  - sofortiges Lob für prosoziales Verhalten,
  - Einsatz von Belohnungs- und Response-Cost-Plänen für auffällige Schüler*innen.
- Engmaschige Beaufsichtigung von Schüler*innen mit aggressivem Verhalten in Risikosituationen (z.B. Pausenaufsicht, Patenschaften mit Jugendlichen älterer Jahrgänge).
- Möglichkeiten positiver Aktivitäten schaffen (z.B. jemandem helfen, Materialien austeilen, Verantwortung übergeben wie auf die Zeit zu achten, die „Klassenkonferenz" zu moderieren).
- Gespräch mit den Eltern suchen.

6.2.7 Bullying: Opfer und Täter*innen

Bullying findet mehr oder weniger an allen Schulen statt. Aktuelle Forschung zeigt, dass die Tatsache, ein Opfer von Bullying-Attacken zu sein, zu den nachhaltigsten Risikofaktoren für psychische Störungen gehört (vgl. Exkurs zu Bullying im Abschnitt 3). Schulen müssen sich daher diesem Thema widmen und Maßnahmen zur Prävention und Unterbindung von Bullying umsetzen. Eine der größten Herausforderungen hierbei ist es, Bullying im Schulalltag zu identifizieren, da Bullying meist verdeckt stattfindet. Die folgenden Verhaltensweisen und Situationen können auf Bullying hinweisen:
- Schüler*in (Bullying-Opfer) ist häufig allein, ausgeschlossen, wird als letztes bei Mannschaftsspielen gewählt

- Plötzliches Abfallen von Schulleistungen
- Nähe suchen zu Lehrerkraft
- Ängstlichkeit, Schüchternheit: Schüler*in traut sich nicht mehr vor der Klasse zu sprechen, wirkt hilflos und unglücklich
- Eigentum des Kindes (Bullying-Opfer) wird weggenommen, kaputt gemacht, verstreut
- Häufige Streitigkeiten oder Kämpfe
- Hänseleien, Lächerlichmachen, Einschüchterungen von einzelnen Kindern
- Stoßen, Schubsen, Treten, Schlagen
- Zerrissene oder schmutzige Kleidung oder Tasche
- Beim Kämpfen oder Streiten wird nur ein Kind angefeuert, während das andere (Bullying-Opfer) nicht unterstützt wird

Mögliche Interventionen/Hilfen/Fördermöglichkeiten

- Bullying kann auf verschiedenen Ebenen (Schul- und Klassenebene, Schüler*innenebene und Elternebene) eingedämmt oder verhindert werden. Ein wissenschaftlich gut überprüftes Präventions- und Interventionskonzept, das von dem schwedischen Psychologen Dan Olweus entwickelt wurde, ist unter folgendem Link frei zugänglich: https://mobbing-in-schulen.de/pages/pE4dagogische-konzepte/olweus-interventionskonzept.php
- Schulung des gesamten Lehrpersonals in der Wahrnehmung von Bullying-Verhalten:
  - Die o.g. Hinweise für Bullying bekannt machen.
  - Erhöhte Präsenz in Risikosituationen (z.B. in Pausen, vor/nach dem Unterricht, an der Schulbushaltestelle).
- Kommunikation und Diskussion transparenter, eindeutiger Schul- und Klassenregeln zum Umgang mit Bullying.
- Klare Definition von Bullying und schulübergreifende Umsetzung von Maßnahmen zur Prävention und Unterbindung von Bullying. Siehe hierzu auch den No Blame Approach von Blum und Beck (2016).

Intervention mit dem Opfer

- Das Gespräch suchen und Unterstützung anbieten.
- Für Entlastung sorgen.
- Sicherstellung des Schutzes vor weiteren Bullying-Attacken.
- Beratung der Eltern des Kindes, evtl. vermitteln an Schulpsycholog*innen, die meist für dieses Thema geschult sind.
- Bei Schulwechsel die neuen Kolleg*innen informieren, damit diese sensibilisiert sind (evtl. vor dem Wechsel Präventionsmaßnahmen in Klasse durchführen).
- Unterstützung dabei, außerschulische Aktivitäten zu finden, in denen positive soziale Erfahrungen gemacht werden.

*Intervention mit Täter*innen*
- Gespräch unangekündigt mit Täter*innen suchen, damit diese keine Möglichkeit haben, das Opfer zuvor für den Gesprächstermin zu „bestrafen“:
  - Neutrale Gesprächshaltung.
  - Konfrontation mit Bullying-Verhalten und Möglichkeit zur Darstellung eigener Sichtweise.
  - Klarstellen, dass kein Verhalten oder Aussehen eines Menschen es rechtfertigt, ihn zu schikanieren.
  - Motive für Bullying klären.
  - Lösungsvorschläge zur Unterbindung von Bullying gemeinsam erarbeiten.
- Aufforderung zur konsequenten Einhaltung grundlegender sozialer Regeln:
  - Sofortige Ahndung von Bullying-Verhalten, wie stunden- oder tageweisen Ausschluss von der Schule (Aufgaben für zu Hause mitgeben).
  - Sofortiges Lob für prosoziales Verhalten.
  - Einsatz von Belohnungs- und Response-Cost-Plänen.
- Engmaschige Beaufsichtigung von Täter*innen in Risikosituationen (z. B. Pausenaufsicht).
- Gespräch mit den Eltern führen.

6.2.8 Schulvermeidende Schüler*innen

Die Weigerung zur Schule zu gehen oder Schwierigkeiten, den gesamten Schultag in der Schule zu verbringen, ist kein seltenes Phänomen und kann viele Gründe haben. Meist stehen psychische Störungen dahinter, die entweder aus dem Bereich der Internalisierenden oder der Externalisierenden Störungen kommen. Die folgenden Merkmale sind Hinweise auf problematisches Schulvermeiden:
- Steigende Zahl von Fehlstunden/Fehltagen
- Ausweichende Antworten bei Rückfragen zu den Gründen für das Fehlen
- Hinweise auf Emotionale Probleme oder Aggressive Verhaltensprobleme.

Mögliche Interventionen/Hilfen/Fördermöglichkeiten
- Lückenlose Dokumentation der Fehlzeiten.
- Zeitnah das Gespräch suchen und Gründe für das Fehlen identifizieren.
- Angepasst an die Ursachen für das Fehlen (internalisierend vs. externalisierend) Unterstützungsangebote an die Schüler*innen richten.
- Positive Aufmerksamkeit/unmittelbares Lob für das Erscheinen in der Schule zeigen.
- Gespräch mit den Eltern suchen.

Weitere Informationen über das Thema Schulabsentismus hat die Bezirksregierung Arnsberg zusammengestellt. Unter anderem werden die unterschiedlichen Formen von Schulabsentismus definiert, rechtliche Rahmenbedingungen erläutert, eine Anleitung zur EDV-gestützten Erfassung von Fehlzeiten zur Verfügung gestellt und Fördermaßnahmen empfohlen. Das Dokument kann online und kostenlos heruntergeladen werden (https://www.bezreg-arnsberg.nrw.de/themen/s/schulabsentismus/lehrerkompetenz_schulabsentismus.pdf).

Kinderschutz – Ein besonderer Auftrag an Schulen

Auch wenn heute besonders gravierende Fälle von Kindesmissbrauch und -misshandlung schnell medial aufgegriffen werden und von der Politik runde Tische gegen sexuellen Missbrauch, Programme zum Kinderschutz und vieles mehr eingeführt werden, verändert sich die Situation für von Missbrauch und Misshandlung betroffene Kinder nicht nachdrücklich. Kindesmisshandlung- und missbrauch ist ein hoch relevantes Problem in Deutschland und weltweit! Trotz großer öffentlicher Aufmerksamkeit hat sich in Deutschland seit der Nachkriegszeit kaum etwas an den Fallzahlen von emotionaler Vernachlässigung und emotionalem Missbrauch sowie körperlicher, psychischer und sexueller Gewalt verändert (Witt et al., 2017). Diese Befunde sind ernüchternd. Die Früherkennung von Kindesmissbrauch und -misshandlung muss die höchste Priorität bekommen. Schulen sind ein zentraler Ort, um Hinweise auf Kindeswohlgefährdung frühestmöglich zu erkennen und Schutzmaßnahmen einzuleiten.

Die meisten Fälle von Kindeswohlgefährdung werden nach wie vor nicht erkannt. Die WHO berichtet von rund 90 % aller Misshandlungsfälle, die nicht wahrgenommen werden (Bellis et al., 2013). Ein Grund hierfür scheint zu sein, dass Kindesmisshandlung primär innerhalb der Familie stattfindet und somit für das äußere Umfeld schwierig zu erkennen ist. Zudem ist insbesondere emotionale Vernachlässigung oder Missbrauch für Außenstehende aufgrund der uneindeutigen Definition schwierig zu identifizieren. Umso mehr sind Kinder und Jugendliche auf Hilfe von außen angewiesen. Hinweise für Kindeswohlgefährdung sind selten eindeutig. Trotzdem sollten Lehrkräfte die Möglichkeit von Missbrauch und Misshandlung im Auge haben und sich nicht scheuen Schritte einzuleiten, wenn sie einen Verdacht haben. Bei Verdacht auf Kindesmisshandlung oder -missbrauch sind folgende Schritte indiziert:

1) Unspezifische Merkmale oder ein „komisches Gefühl" sollten unterfüttert werden mit Belegen und einer sorgfältigen Dokumentation. Hinweise können sein (entnommen von https://www.polizei-beratung.de):
   - Verhaltensveränderung: Aggression, Rückzug, Leistungsabfall oder Einnässen
   - Auffälliges Äußeres: Ungepflegt, nicht alters- oder witterungsgemäße Kleidung

- Unregelmäßiger Schulbesuch und fehlende Materialien
- Sichtbare Verletzungen: blaue Flecken, Blutergüsse, Abschürfungen, Brandwunden, Knochenbrüche

Besonders *emotionale Misshandlung und Vernachlässigung* sind schwierig zu erkennen. Meist wird erst in der Interaktion mit einer Vertrauensperson deutlich, welche emotionale Belastung ein Kind erlebt. Dazu gehören (Kindler et al., 2006):

- Ständiges Herabsetzen, Beschämen, Kritisieren oder Demütigen durch Bezugspersonen
- Ausnutzen (das Kind wird z. B. zu strafbarem Verhalten angehalten oder gezwungen bzw. ein solches Verhalten des Kindes wird widerstandslos zugelassen)
- Drohen und ein ständiger Zustand der Angst
- Isolieren und Fernhalten von Freunden, sozialen Gruppen u. a.
- Verweigerung emotionaler Verfügbarkeit (z. B. Signale des Kindes und seine Bedürfnisse nach emotionaler Zuwendung werden anhaltend und in ausgeprägter Form übersehen und nicht beantwortet)

2) Der nächste Schritt ist, die Situation mit den betroffenen Personen (Schüler*in, Eltern) zu besprechen, konkret nachzufragen und evtl. bei den Eltern auf die Inanspruchnahme von Hilfe hinzuwirken. Ein transparentes offenes Gespräch ist aber nur dann sinnvoll, wenn ausgeschlossen werden kann, dass das Kind dadurch nicht in Gefahr gerät, z. B. durch Bedrohung seitens der Täter*in.
3) In jedem Fall haben Lehrkräfte einen Anspruch auf anonyme Beratung durch eine „Insoweit erfahrene Fachkraft“, z. B. Beratungsangebote der Jugendämter. Sie sind befugt, das Jugendamt zu informieren, sofern eine mögliche Gefährdung nicht abgewendet werden kann oder die angebotenen Hilfen nicht helfen oder abgelehnt werden. Das Gesetz zur Kooperation und Information im Kinderschutz, § 4 KKG, regelt bei Verdacht auf Kindeswohlgefährdung Rechte und Pflichten von Lehrkräften und anderen Berufen, die Kontakt zu Familien und Kindern haben. Das Gesetz kann online unter folgendem Link nachgelesen werden: https://www.gesetze-im-internet.de/kkg/__4.html

Der Bedarf an anonymer Beratung von Fachkräften als erstes niedrigschwelliges Angebot wurde erkannt. Viele Jugendämter haben Notrufnummern und Beratungstelefone eingerichtet. Die Meldezahlen von Verdachtsfällen von Kindesmisshandlung und -missbrauch bei den Jugendämtern steigen. Der Grund dafür ist nicht eindeutig zu ermitteln. Es könnte zum Beispiel sein, dass die Fallzahlen steigen oder dass mehr Fälle angezeigt werden. Im Jahr 2016 gab es 6 % mehr Verfahren zur Kindeswohlgefährdung im Vergleich zum Vorjahr. Von den knapp 137.000 Verfahren zur Kindeswohlgefährdung haben sich die Hinweise in 67 % der Fälle bestätigt (davon 33 % akute oder latente Kindeswohlgefährdung und 34 % keine Kindeswohlgefährdung, aber Hilfebedarf, Destatis, 2017).

Diese Zahlen zeigen, dass mehr als die Hälfte der Verdachtsfälle begründet waren. Die Kehrseite ist, dass in rund 30 % der Verdacht nicht bestätigt wurde. Diese Familien erleben eventuell eine Belastung durch einen Verdacht oder eine Anzeige beim Jugendamt. Dies zeigt, wie wichtig ein sorgfältiger, geschulter Umgang mit Hinweisen auf Missbrauch und Vernachlässigung ist.

6.3 Integration von Schüler*innen mit Emotionalen und/oder Verhaltensproblemen

Die oben beschriebenen Probleme haben zumeist eine gemeinsame Folge – die soziale Ausgrenzung von Schüler*innen. Dabei ist die Schule der Ort, an dem neben schulischem Wissen auch soziale und emotionale Kompetenzen vermittelt werden. Soziale Integration muss im Wechselspiel zwischen Klasse und betroffener Person stattfinden. Kinder und Jugendliche mit einer psychischen Problematik sind typischerweise weniger sozial kompetent als normal entwickelte Kinder und Jugendliche. Lehrkräfte können hier unterstützen, indem sie *prosoziales Verhalten* verstärken. Hierfür können positive Verstärker wie Loben oder das Schenken von Aufmerksamkeit genutzt werden (siehe Kapitel 5). Die Chancen für eine Integration erhöhen sich, wenn in der Klasse Möglichkeiten zum gegenseitigen Kennenlernen geboten werden (z.B. Klassenausflüge oder -feste). Für den Unterricht eignen sich Aufgaben, die zum gemeinschaftlichen Arbeiten anregen, wie z.B. *kooperative Lernformen* und -spiele. Es gibt zahlreiche Bücher mit Praxisideen, wie diese Aktivtäten material- und zeitsparend gestaltet werden können (z.B. Borsch, 2015). Bei diesen Aktivitäten ist es wichtig, dass das soziale Miteinander zum Ziel führt und nicht die Stärken von Einzelnen. Die sozial Schwächeren machen dabei die Erfahrung, dass sie für die Gruppe bereichernd sind.

Neben den einzel- und klassenbezogenen Maßnahmen fördert auch das Lehrverhalten die soziale Integration. Dazu zählt:

- Verhaltensmodell sein: Allen Schüler*innen (insbesondere den Außenseiter*innen) Wertschätzung, Freundlichkeit und Unterstützung entgegenbringen.
- Soziale Regeln durchsetzen: Wie sprechen wir miteinander, wie gehen wir miteinander um? Ein gemeinsames Verständnis von gesellschaftlichem Miteinander ist die Basis für eine gelungene soziale Integration. Nur wer weiß, was von ihm erwartet wird, kann sich daran halten. Hier haben sich in vielen Fällen sogenannte „Klassenkonferenzen“ bewährt, in denen wöchentlich für ca. 15 Minuten besprochen wird, was die Kinder und Jugendlichen in der Klasse aktuell beschäftigt. Was läuft gut, was sollte anders sein? Alle Schüler*innen schreiben

unabhängig voneinander ein Thema auf einen Zettel, der durch die „Moderator*in“ eingesammelt und vorgelesen wird. Die Klasse entscheidet, welches Thema besprochen werden soll.

- Individuelle Leistungen anerkennen (d.h. Leistungsvergleiche vermeiden).

7 Zusammenfassung

Emotionale Störungen und Verhaltensauffälligkeiten im Kindes- und Jugendalter sind weit verbreitet und können wichtige Wegbereiter für psychische Erkrankungen im Erwachsenenalter sein. Etwa 15 % der Kinder und Jugendlichen in Deutschland leiden unter einer behandlungsbedürftigen psychischen Störung. Somit sind in jeder Schulklasse bei einer Klassengröße von 30 Schüler*innen 4 bis 5 Kinder, die spezifische Unterstützung brauchen. Anders als häufig vermutet, stellen die Emotionalen Störungen wie Angststörungen oder Depressionen die häufigsten psychischen Erkrankungen in dieser Altersgruppe dar, gefolgt von den Externalisierenden Störungen, Hyperkinetische Störung (ADHS) und Störung des Sozialverhaltens.

Die Schule ist ein Ort, an dem Kinder mit und ohne psychische Probleme zusammentreffen und für Lehrkräfte ist es nicht immer einfach, den verschiedenen Anforderungen, die hiermit verbunden sind, gerecht zu werden. Typischerweise sind Lehrkräfte nicht auf „schwierige" Schüler*innen vorbereitet und fühlen sich überfordert und alleine gelassen. Auch wenn es nicht Aufgabe der Schule sein kann, psychische Probleme zu erkennen und zu lindern, ist ein Basiswissen über psychische Störungen und ihre Behandlung für den Lehreralltag sinnvoll. Es sollte daher obligatorischer Bestandteil der Ausbildung sein bzw. werden. Dieses Buch und die gesamte Buchreihe *Psychologie im Schulalltag* möchte einen Beitrag zu einem besseren Verständnis Emotionaler Störungen und von Verhaltensauffälligkeiten in der Schule leisten und Lehrkräften Basiswissen zum Umgang mit diesen Kindern und Erwachsenen geben. Die Autorinnen dieses Buches möchten darüber hinaus Lehrkräfte auf die zentrale Bedeutung von Bullying sowie Kindesmissbrauch und -misshandlung für die psychische Entwicklung von Schüler*innen aufmerksam machen.

Das vorliegende Buch gibt zunächst einen Überblick über das Erscheinungsbild und die Häufigkeit der wichtigsten Emotionalen Störungen und Verhaltensauffälligkeiten im Schulalter. Hinweise und Hilfsmittel zum Erkennen von psychischen Erkrankungen im Kontext der Schule werden vorgestellt. Dabei wird ein Überblick über das aktuelle Wissen zur Entwicklung von psychischen Störungen im Kindes- und Jugendalter gegeben. Im zweiten Teil des Buches geht es darum, einen Überblick zu Hilfsangeboten von Kommunen und des Gesundheitssystems für Schüler*innen mit psychischen Problemen und Erkrankungen zu geben und die Wege zu diesen Hilfsangeboten kennenzulernen. In Teil 3 werden Interventionen vorgestellt, die Lehrkräfte in der Schule im Umgang mit schwierigen und/oder belastenden Schüler*innen einsetzen können. Dieser Teil schließt mit anschaulichen Checklisten ab, die beschreiben, wie spezifische psychische Probleme bei Schüler*innen im Schulkontext erkannt werden. Praxisnahe Hinweise zum Umgang mit diesen Problemen werden darauf aufbauend kurz und knapp beschrieben.

8 Weiterführende Literatur

Blum, H. & Beck, D. (2016). *No Blame Approach: Mobbing-Intervention in der Schule*. Köln: Fairaend Verlag.

Borsch, F. (2015). *Kooperatives Lernen: Theorie-Anwendung-Wirksamkeit*. Stuttgart: Kohlhammer.

Hoffmann, C. (2010). *Kooperatives Lernen – kooperativer Unterricht (Pocket-Ratgeber Schule)*. Mülheim an der Ruhr: Verlag an der Ruhr.

Lohaus, A. & Domsch, H. (Hrsg.). (2009). *Psychologische Förder- und Interventionsprogramme für das Kindes- und Jugendalter*. Heidelberg: Springer.

Lohaus, A. & Heinrichs, N. (2011). *Klinische Entwicklungspsychologie kompakt: Psychische Störungen im Kindes- und Jugendalter*. Weinheim: Beltz.

Schneider, J. & Margraf, J. (Hrsg.) (2019). *Lehrbuch der Verhaltenstherapie, Band 3* (2. Aufl.). Heidelberg: Springer.

Spröber, N., Schlottke, P. F. & Hautzinger, M. (2008). *Bullying in der Schule: das Präventions- und Interventionsprogramm PRoACT+ E; mit CD-ROM und DVD*. Weinheim: Beltz.

Reissner, V., Wertgen, A. & Knollmann, M. (2016). Institutionelle und individuelle Hilfen für Schulvermeider am Beispiel des Essener Schulvermeider-Netzwerkes. In C. A. Rexroth & T. Lustig (Hrsg.), *Schulvermeidung* (17–32). Göttingen: V&R unipress.

9 Empfohlene Internetlinks

www.awmf.org/uploads/tx_szleitlinien/028-029l_S2k_Nicht-suizidales-selbstverletzendes_Verhalten_NSSV_2016-04.pdf

www.escap.eu/research/bullying/wolke-interview-german

www.gesetze-im-internet.de/kkg/__4.html

www.gruene-liste-praevention.de

www.mindmatters-schule.de

www.polizei-beratung.de/themen-und-tipps/gewalt/kindesmisshandlung/tipps/

www.schulministerium.nrw.de/docs/Schulsystem/Schulformen/Foerderschule/Autismus/

www.zeit.de/2012/37/Autismus-Asperger-Syndrom-Software-Tester/

Literatur

American Psychiatric Association, APA. (2013). *Diagnostic and Statistical Manual of Mental Disorders (DSM-5), Fifth Edition*. Arlington, VA: American Psychiatric Publishing. http://doi.org/10.1176/appi.books.9780890425596

Arbeitsgemeinschaft der Wissenschaftlichen Medizinischen Fachgesellschaften (AWMF)-Ständige Kommission Leitlinien (2016). *Leitlinie Nicht-Suizidales Selbstverletzendes Verhalten (NSSV) im Kindes- und Jugendalter.* Zugriff am: 19.09.2018, www.awmf.org/uploads/tx_szleitlinien/028-029l_S2k_Nicht-suizidales-selbstverletzendes_Verhalten_NSSV_2016-04.pdf

Beelmann, A., Pfost, M. & Schmitt, C. (2014). Prävention und Gesundheitsförderung bei Kindern und Jugendlichen. *Zeitschrift für Gesundheitspsychologie, 22* (1), 1–14. http://doi.org/10.1026/0943-8149/a000104

Bellis, M., Hughes, K., Gilbert, R., Mitis, F. & Galea, G. (2013). *European report on preventing child maltreatment*. D. Sethi (Eds.). Copenhagen, Denmark: World Health Organization, Regional Office for Europe.

Belsky, J., Bakermans-Kranenburg, M.J. & Van IJzendoorn, M.H. (2007). For better and for worse differential susceptibility to environmental influences. *Current Directions in Psychological Science, 16* (6), 300–304. http://doi.org/10.1111/j.1467-8721.2007.00525.x

Bezirksregierung Arnsberg. *Schulabsentismus.* Zugriff am 06.09.2018 https://www.bezreg-arnsberg.nrw.de/themen/s/schulabsentismus/lehrerkompetenz_schulabsentismus.pdf

Bieda, A., Pflug, V., Scholten, S., Lippert, M.W., Ladwig, I., Nestoriuc, Y. et al. (2018). Unerwünschte Nebenwirkungen in der Kinder- und Jugendlichenpsychotherapie – Eine Einführung und Empfehlungen. *PPmP-Psychotherapie· Psychosomatik· Medizinische Psychologie*. http://doi.org/10.1055/s-0044-102291

Borsch, F. (2015). *Kooperatives Lernen: Theorie – Anwendung – Wirksamkeit (Lehren und Lernen).* Stuttgart: Kohlhammer.

Boyce, W.T. & Ellis, B.J. (2005). Biological sensitivity to context: I. An evolutionary-developmental theory of the origins and functions of stress reactivity. *Development and Psychopathology, 17* (2), 271–301.

Bruchmüller, K. & Schneider, S. (2012). Fehldiagnose Aufmerksamkeitsdefizit- und Hyperaktivitätssyndrom? Empirische Befunde zur Frage der Überdiagnostizierung. *Psychotherapeut, 57,* 77–89. http://doi.org/10.1007/s00278-011-0883-7

Brunner, R., Parzer, P., Haffner, J., Steen, R., Roos, J., Klett, M. et al. (2007). Prevalence and psychological correlates of occasional and repetitive deliberate self-harm in adolescents. *Archives of pediatrics & adolescent medicine, 161* (7), 641–649. http://doi.org/10.1001/archpedi.161.7.641

Bund, K. (2012). Maschinen sind leichter als Menschen. *ZEIT ONLINE, 37/2012*. Verfügbar unter: https://www.zeit.de/2012/37/Autismus-Asperger-Syndrom-Software-Tester

Chess, S. & Thomas, A. (2013). *Goodness of fit: Clinical applications, from infancy through adult life*. Routledge.

CTC (2018). *Grüne Liste Prävention – CTC Datenbank empfohlener Präventionsprogramme.* Zugriff am 28.08.2018 www.gruene-liste-praevention.de

Delorme, R., Golmard, J.L., Chabane, N., Millet, B., Krebs, M.O., Mouren-Simeoni, M.C. & Leboyer, M. (2005). Admixture analysis of age at onset in obsessive-compulsive disorder. *Psychological medicine, 35* (2), 237–243. http://doi.org/10.1017/S0033291704003253

Destatis (2017). *2016: Anstieg der Verfahren zur Kindeswohlgefährdung um 5.7%.* Verfügbar unter: https://www.destatis.de/DE/PresseService/Presse/Pressemitteilungen/2017/10/PD17_350_225.html

Deutsche Gesellschaft für Kinder- und Jugendpsychiatrie Psychosomatik und Psychotherapie. (2017). *Leitlinie Aufmerksamkeitsdefizit-/Hyperaktivitätsstörung (ADHS) im Kindes-, Jugend- und Erwachsenenalter* (S3). Verfügbar unter: https://www.awmf.org/uploads/tx_szleitlinien/028-045k_S3_ADHS_2018-06.pdf.

Döpfner, M. & Melchers, P. (1993). *Checklist, A.D.C.B. Lehrerfragebogen über das Verhalten von Kindern und Jugendlichen: deutsche Bearbeitung der Teacher's Report Form der Child Behavior Checklist (TRF).* Köln.

Döpfner, M., Plück, J. & Kinnen, C. (2014). *Lehrerfragebogen über das Verhalten von Kindern und Jugendlichen (TRF/6-18R).* Deutschsprachige Fassung der Teacher's Report Form for Ages 6–18 von Thomas M. Achenbach. Göttingen: Hogrefe.

Eder, F. (1998). *Linzer Fragebogen zum Schul- und Klassenklima für die 8.–13. Klasse (LFSK 8-13).* Göttingen: Hogrefe.

Eder, F. & Mayr, J. (2000). *Linzer Fragebogen zum Schul- und Klassenklima für die 4.–8. Klassenstufe: (LFSK 4-8); Handanweisung.* Göttingen: Hogrefe.

Elder, T.E. (2010). The importance of relative standards in ADHD diagnoses: evidence based on exact birth dates. *Journal of Health Economics, 29* (5), 641–656. http://doi.org/10.1016/j.jhealeco.2010.06.003

Ellsäßer, G. (2014). Unfälle, Gewalt, Selbstverletzung bei Kindern und Jugendlichen 2014. Ergebnisse der amtlichen Statistik zum Verletzungsgeschehen 2012. In Statistisches Bundesamt (Hrsg.), *Ergebnisse der amtlichen Statistik zum Verletzungsgeschehen.* Wiesbaden.

Fahrun, J. & Kain, F. (2012). Schwänzen – Anfang von Langzeitarbeitslosigkeit. *Die Welt.* Verfügbar unter: https://www.welt.de/politik/deutschland/article108688363/Schwaenzen-Anfang-von-Langzeitarbeitslosigkeit.html

Hartke, B. & Vrban, R. (2016). *Schwierige Schüler: 49 Handlungsmöglichkeiten bei Verhaltensauffälligkeiten (5. bis 10. Klasse).* Hamburg: Persen Verlag.

Kaess, M. (2012). *Selbstverletzendes Verhalten. Entwicklungsrisiken erkennen und behandeln* (1. Aufl.). Weinheim: Beltz.

Kandale, M. & Rugenstein, K. (2014). *Das Repetitorium: Lehr- und Lernbuch für die schriftlichen Abschlussprüfungen zum Psychologischen Psychotherapeuten und zum Kinder- und Jugendlichenpsychotherapeuten* (S. 283–321). Berlin: Deutscher Psychologen Verlag.

Kessler, R.C., Amminger, G.P., Aguilar-Gaxiola, S., Alonso, J., Lee, S. & Ustun, T.B. (2007). Age of onset of mental disorders: a review of recent literature. *Current opinion in psychiatry, 20* (4), 359. http://doi.org/10.1097/YCO.0b013e32816ebc8c

Kessler, R.C., Berglund, P., Demler, O., Jin, R., Merikangas, K.R. & Walters, E.E. (2005). Lifetime prevalence and age-of-onset distributions of DSM-IV disorders in the National Comorbidity Survey Replication. *Archives of general psychiatry, 62* (6), 593–602. http://doi.org/10.1001/archpsyc.62.6.593

Kindler, H., Lillig, S., Blüml, H., Meysen, A. & Werner, T. (Hrsg.) (2006). *Handbuch Kindeswohlgefährdung nach §1666 und Allgemeiner Sozialer Dienst (ASD).* München: Verlag Deutsches Jugendinstitut.

Klonsky, E.D. (2007). The functions of deliberate self-injury: A review of the evidence. *Clinical psychology review, 27* (2), 226–239.

Knollmann, M., Knoll, S., Reissner, V., Metzelaars, J. & Hebebrand, J. (2010). School avoidance from the point of view of child and adolescent psychiatry: symptomatology, development, course, and treatment. *Deutsches Ärzteblatt International, 107* (4), 43–49.

Kranhold, A.L., Wolke, D., Voigt, B. & Schneider, S. (eingereicht). *Prävalenz und Arten von Mobbing in einer Stichprobe von PatientInnen einer Kinder- und Jugendpsychotherapeutischen Ambulanz.*

Kraufmann, F. (25.03.2018). Chaos an deutschen Schulen. Eine Lehrerin schlägt Alarm: Ich komme mit den Kindern nicht mehr zum Lernen. *Focus Online*. Verfügbar unter: https://www.focus.de/familie/schule/chaos-an-deutschen-schulen-eine-lehrerin-schlaegt-alarm-ich-komme-mit-den-kindern-nicht-mehr-zum-lernen_id_6750798.html

Lester, L. & Cross, D. (2015). The relationship between school climate and mental and emotional wellbeing over the transition from primary to secondary school. *Psychology of Well-being, 5* (1), 9. http://doi.org/10.1186/s13612-015-0037-8

Linderkamp, F. (2018). Operante Methoden. In S. Schneider & J. Margraf (Hrsg.), *Lehrbuch der Verhaltenstherapie. Band 3: Störungen im Kindes- und Jugendalter* (2. Aufl.). Berlin, Heidelberg: Springer.

Margraf, J. (2018). Hintergründe und Entwicklung. In J. Margraf, J. & S. Schneider (Hrsg.), *Lehrbuch der Verhaltenstherapie. Band 1.* (2. Aufl.). Berlin, Heidelberg: Springer.

Margraf, J. & Lieb, R. (1995). Was ist Verhaltenstherapie? Versuch einer zukunftsoffenen Neucharakterisierung. *Zeitschrift für Klinische Psychologie, 24* (1), 1–7.

Mattejat, F. (2008). Entwicklungsorientierte Verhaltenstherapie mit Kindern, Jugendlichen und ihren Familien. *Verhaltenstherapie mit Kindern und Jugendlichen, 4*, 77–88.

Meichenbaum, D.H. & Goodman, J. (1971). Training impulsive children to talk to themselves: A means of developing self-control. *Journal of abnormal psychology, 77* (2), 115. http://doi.org/10.1037/h0030773

Merikangas, K.R., He, J.P., Burstein, M., Swanson, S.A., Avenevoli, S., Cui, L., Benjet, C., Georgiades, K. & Swendsen, J. (2010). Lifetime prevalence of mental disorders in US adolescents: results from the National Comorbidity Survey Replication – Adolescent Supplement (NCS-A). *Journal of the American Academy of Child & Adolescent Psychiatry, 49* (10), 980–989. http://doi.org/10.1016/j.jaac.2010.05.017

Merikangas, K.R., Nakamura, E.F. & Kessler, R.C. (2009). Epidemiology of mental disorders in children and adolescents. *Dialogues in clinical neuroscience, 11* (1), 7.

Merten, E.C., Cwik, J.C., Margraf, J. & Schneider, S. (2017). Overdiagnosis of mental disorders in children and adolescents (in developed countries). *Child and adolescent psychiatry and mental health, 11* (1), 5. http://doi.org/10.1186/s13034-016-0140-5

Miller, W.R. & Rollnick, S. (2006). *Motivierende Gesprächsführung: Motivational Interviewing.* Freiburg im Breisgau: Lambertus.

Ministerium für Schule und Bildung des Landes NRW (2013). *Kinder und Jugendliche mit Autismus.* Verfügbar unter: https://www.schulministerium.nrw.de/docs/Schulsystem/Schulformen/Foerderschule/Autismus/index.html

Ministerium für Schule und Bildung des Landes NRW (2018). *Schulpsychologie NRW.* Verfügbar unter: http://schulpsychologie.nrw.de/cms/upload/dokumente/artikel/schuelersuizid_praevention.pdf

Olweus, D. *Mobbing in Schulen. Präventions-Interventionskonzept nach Dan Olweus.* Verfügbar unter: https://mobbing-in-schulen.de/pages/pE4dagogische-konzepte/olweus-interventions konzept.php

Petermann, U. & Krummrich, M.Z. (2018). Verhaltenstherapie in der Pädagogik. In S. Schneider & J. Margraf (Hrsg.), *Lehrbuch der Verhaltenstherapie. Band 3: Störungen im Kindes- und Jugendalter* (2. Aufl.). Berlin, Heidelberg: Springer.

Petermann, U. & Petermann, F. (2013). *Lehrereinschätzliste für Sozial- und Lernverhalten (LSL)* (2. Aufl.). Göttingen: Hogrefe.

Petermann, U. & Petermann, F. (2014). *Schülereinschätzliste* für Sozial- und Lernverhalten (SSL). Göttingen: Hogrefe.

Pflug, V. & Schneider, S. (2016). School absenteeism. An online survey via social networks. *Child Psychiatry & Human Development, 47* (3), 417–429.

Polizeiliche Kriminalprävention (2018). *Tipps – Kindesmisshandlung erkennen.* Verfügbar unter: https://www.polizei-beratung.de

Ravens-Sieberer, U., Wille, N., Bettge, S. & Erhart, M. (2007). Psychische Gesundheit von Kindern und Jugendlichen in Deutschland. *Bundesgesundheitsblatt-Gesundheitsforschung-Gesundheitsschutz, 50* (5), 871–878. http://doi.org/10.1007/s00103-007-0250-6

Ravens-Sieberer, U., Wille, N., Erhart, M., Bettge, S., Wittchen, H.U., Rothenberger, A. et al. (2008). Prevalence of mental health problems among children and adolescents in Germany: results of the BELLA study within the National Health Interview and Examination Survey. *European Child & Adolescent Psychiatry, 17* (1), 22–33.

Rinck, M. (2016). *Lernen.* Stuttgart: Kohlhammer.

Rutter, M. (1989). Isle of Wight revisited: Twenty-five years of child psychiatric epidemiology. *Journal of the American Academy of Child & Adolescent Psychiatry, 28* (5), 633–653. http://doi.org/10.1097/00004583-198909000-00001

Schlottke, P.F., Strehl, U. & Christiansen, H. (2018). Aufmerksamkeitsstörung. In S. Schneider & J. Margraf (Hrsg.), *Lehrbuch der Verhaltenstherapie. Band 3. Störungen im Kindes- und Jugendalter* (2. Aufl.). Berlin, Heidelberg: Springer.

Sheftall, A.H., Asti, L., Horowitz, L.M., Felts, A., Fontanella, C.A., Campo, J.V. & Bridge, J.A. (2016). Suicide in Elementary School-Aged Children and Early Adolescents. *Pediatrics, 138* (4). http://doi.org/10.1542/peds.2016-0436

Speck, V. (2013). *Training progressiver Muskelentspannung für Kinder.* Göttingen: Hogrefe.

Stadler, C. (2018). Störungen des Sozialverhaltens. In S. Schneider & J. Margraf (Hrsg.), *Lehrbuch der Verhaltenstherapie. Band 3. Störungen im Kindes- und Jugendalter* (S. 475–489). Berlin, Heidelberg: Springer.

Steinhausen, H.C. (2002). *Psychische Störungen bei Kindern und Jugendlichen* (5., neu bearbeitete Aufl.). München: Urban & Fischer.

Strotzka, H. (1975). *Psychotherapie: Grundlagen, Verfahren, Indikationen.* München: Urban und Schwarzenberg.

Suldo, S.M., McMahan, M.M., Chappel, A.M. & Loker, T. (2012). Relationships between perceived school climate and adolescent mental health across genders. *School Mental Health, 4* (2), 69–80. http://doi.org/10.1007/s12310-012-9073-1

Teismann, T., Koban, C., Illes, F. & Oermann, A. (2016). *Psychotherapie suizidaler Patienten.* Göttingen: Hogrefe. http://doi.org/10.1026/02584-000

Unfallkasse NRW. (2002). *Entspannung in der Schule – Anleitungen und Beispiele.* Verfügbar unter: www.unfallkasse-nrw.de/fileadmin/server/download/praevention_in_nrw/praevention_nrw_65.pdf

Vrban, R., Severin, R. & Hintermair, M. (2014). Exekutive Funktionen bei Kindern mit dem Förderschwerpunkt Lernen. *Zeitschrift für Heilpädagogik, 65* (3), 98–106.

Weisz, J.R., Kuppens, S., Ng, M.Y., Eckshtain, D., Ugueto, A.M., Vaughn-Coaxum, R. et al. (2017). What five decades of research tells us about the effects of youth psychological therapy: A multilevel meta-analysis and implications for science and practice. *The American psychologist, 72* (2), 79–117. http://doi.org/10.1037/a0040360

Weltgesundheitsorganisation (2016). *Internationale Statistische Klassifikation der Krankheiten und verwandter Gesundheitsprobleme (ICD-10), 10. Revision.* Deutsches Institut für Medizinische Dokumentation und Information (DIMDI).

Werner, E.E. (1997). Vulnerable but invincible: high-risk children from birth to adulthood. *Acta Paediatrica, 86* (S422), 103–105. http://doi.org/10.1111/j.1651-2227.1997.tb18356.x

Wille, N., Bettge, S. & Ravens-Sieberer, U. (2008a). Risk and protective factors for children's and adolescents' mental health: results of the BELLA study. *European Child & Adolescent Psychiatry, 17* (1), 133–147. http://doi.org/10.1007/s00787-008-1015-y

Wille, N., Bettge, S., Wittchen, H.U., Ravens-Sieberer, U. & BELLA Study Group. (2008b). How impaired are children and adolescents by mental health problems? Results of the BELLA study. *European child & adolescent psychiatry, 17* (1), 42–51. http://doi.org/10.1007/s00787-008-1005-0

Witt, A., Brown, R.C., Plener, P.L., Brähler, E. & Fegert, J.M. (2017). Child maltreatment in Germany: prevalence rates in the general population. *Child and adolescent psychiatry and mental health, 11* (1), 47. http://doi.org/10.1186/s13034-017-0185-0

Wolke, D. & Jereya, S.T. (2015). Long-term effects of bullying. *Archives of Disease in Childhood, 100,* 879–885.

World Health Organization. (2004). *Promoting mental health: Concepts, emerging evidence, practice: Summary report.* World Health Organization, Department of Mental Health and Substance Abuse in collaboration with the Victorian Health Promotion Foundation and the University of Melbourne. Verfügbar unter: https://www.who.int/mental_health/evidence/en/promoting_mhh.pdf

Zentner, M. & Bates, J.E. (2008). Child Temperament: An Integrative Review of Concepts, Research Programs, and Measures. *International Journal of Developmental Science, 2* (1–2), 7–37.

Anhang

Anhang 1. Kurzleitfaden für die beratende Gesprächsführung

Der Gesprächseinstieg

- Thema und Anlass nennen
- Freiwilligkeit betonen
- Wertfreie offene Einstiegsfrage, z. B. „Mir ist aufgefallen, ... Was denkst du?"

Zuhören und verstehen

- Verbale und nonverbale Zeichen fürs Verstehen benutzen (z. B. Nicken, „Hm", Zeit geben zum Nachdenken und Erzählen)
- Aktives Zuhören anwenden
  - Wiederholen
  - Gehörtes mit eigenen Worten wiedergeben (Neuphrasieren, Paraphrasieren)
  - Reflexion der Gefühle (z. B. „du hast dich geärgert", „du warst ängstlich", ...)
  - Überreden und eigene Lösungsvorschläge vermeiden!

Veränderungsbereitschaft fördern

- Motivation zur Veränderung erkennen (z. B. durch Zustimmung, Problembewusstsein, den Wunsch nach Veränderung)
- Veränderungsbereitschaft ausbauen
  - Wunsch hinterfragen: „Was würdest du dir wünschen?"
  - Fähigkeiten betonen: „Was würdest du dir zutrauen?"
  - Gründe beschreiben: „Was wäre besser/anders?", „Was, wenn es so bleibt wie es ist?"
  - Notwendigkeit hinterfragen: „Wie wichtig ist es dir?

Gesprächsabschluss

- Gemeinsam Ideen zu Lösungswegen sammeln
- Unterstützung anbieten („Wie könnte ich dir helfen?")
- Machbarkeit überprüfen („Was würde dir helfen?", „Was könnte dich daran hindern?")

Das Gespräch kann auch über mehrere Termine hinweg geführt werden. Lassen Sie sich und dem Gegenüber Zeit. Gerade wenn eine rasche Lösung/Veränderung nötig ist, ist eine motivierende Gesprächsführung, die auf Verstehen und sorgfältiger Überprüfung der Vor- und Nachteile beruht, die effektivste Strategie.

Anhang 2. Planung für das anstehende Gespräch

Der Gesprächseinstieg (Wie möchte ich das Thema einleiten?)

Zuhören und verstehen (Wie möchte ich zeigen, dass ich zuhöre und interessiert bin? Was sind meine Zuhörer-Stärken?)

Veränderungsbereitschaft fördern (Woran erkenne ich, dass mein Gegenüber sich verstanden fühlt und bereit ist, über eine Veränderung nachzudenken?)

Gesprächsabschluss (Was soll das Ziel/Ergebnis der Unterhaltung sein, welche Materialien benutze ich, wie z. B. Flipchart, Karteikarten?)

Zu welchen Zeiten/Terminen kann ich die Gespräche führen?

Anhang 3. Selbstbeobachtungsbogen

Meine Ziele in dieser Woche				
Was ich schaffen möchte:				
Datum:	Geschafft ☺	Nicht geschafft ☹	Geschafft ☺	Nicht geschafft ☹
1. Tag				
2. Tag				
3. Tag				
4. Tag				
5. Tag				
Summe				
Gesamt				

Anhang 4. Prinzipien des Belohnens

Im Folgenden finden Sie die wichtigsten Informationen zu den Grundprinzipien des Belohnens beim Aufbau von erwünschtem Verhalten:

1. Beschreiben Sie so genau wie möglich gewünschte positive Verhaltensweisen des Kindes.
2. Schreiben Sie die Situation, in der das Verhalten erwartet wird, gemeinsam mit dem Kind auf einem Blatt Papier auf.
3. Ordnen Sie gemeinsam mit dem Kind die Situationen nach „leicht", „mittel" und „schwer" zu schaffen ein.
4. Sammeln Sie gemeinsam mit dem Kind Ideen für Belohnungen, die das Kind erhalten kann, wenn es das erwünschte Verhalten zeigt oder es versucht.
5. Ordnen Sie gemeinsam mit dem Kind die Belohnungen nach „kleiner", „mittlerer" und „großer" Belohnung und tragen Sie dann die Belohnungen in die zutreffende Spalte des Arbeitsblatts „Belohnungsplan" (siehe das Beispiel in Anhang 8 oder 9) ein.
6. Achten Sie darauf, dass für das Kind schwerere Situationen auch mit höheren Belohnungen einhergehen.
7. Stellen Sie sicher, dass das Kind immer weiß, wofür es belohnt wird, indem Sie ihm mitteilen, wofür Sie es loben („Du hast nur die Materialien auf dem Tisch, die du für diese Stunde brauchst. Das hast du gut geplant!").
8. Achten Sie darauf, dass die Belohnungen umsetzbar sind (nicht zu teuer oder zu schwierig zu organisieren). Nichts ist für das Kind enttäuschender, als wenn die erwartete Belohnung nicht eintritt. Wenn Belohnungen im Schulalltag nicht umgesetzt werden können, wählen Sie einen Token-Plan und sprechen Sie mit den Eltern ab, welche Belohnungen in der Freizeit für welche Anzahl Token eingetauscht werden können. Tauschen Sie sich regelmäßig mit den Eltern aus.
9. Loben Sie das Kind bei Erhalt einer Belohnung/eines Token immer zusätzlich mündlich!
10. Die Belohnung/das Token muss immer unmittelbar nach dem gewünschten Verhalten erfolgen.
11. Bei Nichterreichen des angestrebten Zieles kritisieren Sie das Kind nicht. Es wird ihm auch kein schon erhaltener Punkt wieder weggenommen, da das Ziel der Belohnung der Aufbau von Verhalten ist.
12. Schleichen Sie den Belohnungsplan nach erfolgreichem Einsatz langsam wieder aus. Das bedeutet, dass zu Beginn die Belohnungen für das Kind vergleichsweise leicht zu bekommen sind. Wenn das Kind zuverlässig das Verhalten zeigt, sollten die Belohnungen schwerer erreichbar werden und es muss auch nicht mehr auf jedes gewünschte Verhalten eine Belohnung erfolgen. Dies muss zuvor besprochen worden sein.

Anhang 5. Logische Konsequenzen

Typische schwierige Situationen und logische Konsequenzen in ____________

____

(Name der Klasse/des Kurses oder der Situation eintragen, z. B. in der 5a beim Sportunterricht)

- Stören im Unterricht →
- Jemanden ärgern (verbal oder mit Gesten) →
- Reinrufen in die Klasse →
- Arbeitsverweigerung (oppositionell) →
- Körperlicher Angriff →
- Bullying-Verhalten →
- →
- →
- →
- →
- →
- →

Anhang 6. Verhaltensvertrag[6]

Vertrag

zwischen

____

und

____

Ich werde versuchen ....

....

____________________ ____________________

Ort, Datum Schüler*in

Ich als Lehrkraft werde dich bestmöglich unterstützen. Dazu werde ich

....

____________________ ____________________

Ort, Datum Lehrkraft

Am ____________________ (Datum) werden wir die Vertragsbedingungen überprüfen und evtl. anpassen.

6 Schüler*in und Lehrkraft erhalten jeweils ein unterschriebenes Exemplar.

Anhang 7. Response-Cost-Plan

Am Anfang jeden Tages gibt es ein Plus von _____ Punkten	**Mo**	**Di**	**Mi**	**Do**	**Fr**
☺ (1) Verhalten konkret beschreiben (+ _____ P):					
☺ (2) Verhalten konkret beschreiben (+ _____ P):					
☹ (3) Verhalten konkret beschreiben (– _____ P):					
☹ (4) Verhalten konkret beschreiben (– _____ P):					
Bemerkungen:					
Gesamtpunktzahl: _____ Datum, Unterschrift Lehrkraft _______________ Datum, Unterschrift Schüler*in _______________					

Anhang 8. Belohnungsplan zum selbst Ausfüllen

Wie kannst du dich belohnen, wenn du ein Ziel erreicht hast?

☺ Kleine Belohnung(en)			
☺ ☺ Mittlere Belohnung(en)			
☺ ☺ ☺ Große Belohnung(en)			

Beispiele für Belohnungen: Spielen mit den Eltern, Serie schauen/Lieblingsfilm/DVD sehen, Eis essen gehen, Zeitschrift/CD/Buch kaufen, Musik hören, Süßigkeit gönnen, Stickeralbum, Sammelheft, Computer spielen, Schwimmen gehen, Minigolf spielen

Anhang 9. Punktevergabe für einen Verstärker-Plan für einzelne Schüler*innen oder eine Gruppe (auszufüllen durch Lehrkraft)

☺ Kleine Belohnung(en) bis ______ Punkte			
☺ ☺ Mittlere Belohnung(en) bis ______ Punkte			
☺ ☺ ☺ Große Belohnung(en) bis ______ Punkte			

Anhang 10. Entspannungsübungen

Entspannungsübung 1: Progressive Muskelentspannung

Diese Übung ist für jedes Alter geeignet. Sie kann vorgelesen oder von einer Aufnahme abgespielt werden. Vor der Übung werden die Schüler*innen über die Rahmenbedingungen (Dauer, Ablauf und Abbruchmöglichkeit) sowie mögliche Nebenwirkungen aufgeklärt. Die Übungen sollten einmal demonstriert werden, damit klar ist, wie die Anspannungsbewegungen gemeint sind. Jede Übung sollte nachbesprochen werden (was hat geklappt/war angenehm, was hat nicht geklappt/war unangenehm?).

Mögliche Nebenwirkungen sind Taubheits- oder Kribbelgefühle, Muskelzucken, das Gefühl zu schweben oder dass einzelne Körperteile größer oder kleiner empfunden werden, Drang zu zappeln, zu husten oder zu niesen.

Gerade, wenn die Übung noch unbekannt und evtl. schamhaft besetzt ist, kann es schwerfallen stillzuhalten, nicht zu lachen und nicht zu schwatzen. Das ist normal und kann während der Übung mit einer Anweisung „Wir versuchen, ruhig und gemütlich sitzen zu bleiben und weiter gut zuzuhören" beantwortet werden. Es ist hilfreich, wenn die Lehrkraft die Übungen selbst als Vorbild mitmacht.

Quelle: Speck, V. (2013). *Training progressiver Muskelentspannung für Kinder*. Hogrefe.

Anleitung (Dauer: etwa 15 Minuten plus Nachbesprechung)

I. Einleitung

Setzt euch zunächst bequem hin. Stellt die Füße nebeneinander auf den Boden, lehnt euch mit geradem Rücken an die Rückenlehne und legt die Arme locker auf die Oberschenkel oder Armlehnen. Macht es euch so bequem wie möglich.

Atme tief ein und langsam wieder ganz aus. Atme nun ruhig weiter.

Wenn du magst, kannst du jetzt oder auch später die Augen schließen. Dann wirst du nicht so leicht abgelenkt. Achte jetzt auf deinen Körper und lasse die Muskeln möglichst locker.

Wir konzentrieren uns gleich auf bestimmte Muskelgruppen. Dann werde ich euch kurz beschreiben, wie ihr die Muskeln anspannt, und erst auf das Wort „jetzt" spannt ihr die Muskeln an. Nach einigen Sekunden könnt ihr sie bei „und loslassen" wieder ganz locker lassen.

II: PME – 4-Muskelgruppen

1. Konzentriere dich jetzt auf beide Arme.

Anspannung (5–7 Sekunden):

Winkle beide Arme an, balle die Hände zur Faust und spanne möglichst alle Muskeln der Ober- und Unterarme an. Jetzt ...

Spüre die Anspannung in den Armen ...

Entspannung (etwa 30 Sekunden):

Und loslassen. Lasse die Arme ruhig herabsinken, öffne die Fäuste und lasse alle Muskeln ganz locker. Achte auf den Unterschied von An- und Entspannung. Spüre das lockere Gefühl in den Armen ... von den Oberarmen bis in die Finger ... Lasse die Muskeln ganz locker ...

2. Wir wandern nun zum Gesicht und zu den Schultern.

Anspannung (5–7 Sekunden):

Ziehe die Schultern fast bis zu den Ohren hoch, runzle die Stirn, kneife die Augen zu und beiße die Zähne aufeinander. Mache mit dem ganzen Gesicht eine Grimasse. Jetzt ...

Achte auf die Spannung im Gesicht und in den Schultern ...

Entspannung (etwa 30 Sekunden):

Und loslassen. Lasse die Schultern locker herabsinken und dein Gesicht ganz locker und ganz glatt werden. Achte darauf, wie es sich anfühlt, wenn sich die Muskeln im Gesicht und in den Schultern mehr und mehr entspannen ... Lasse ganz locker ...

3. Nun wandern wir zum Rücken und zum Bauch.

Anspannung (5–7 Sekunden):

Hole tief Luft, ziehe die Schultern nach hinten zusammen und ziehe den Bauch ein. Jetzt ... Spüre das Spannungsgefühl in den Muskeln ...

Entspannung (etwa 30 Sekunden):

Und loslassen. Atme aus, lasse den Rücken und den Bauch ganz locker. Atme ruhig weiter. Achte auf den Unterschied zwischen An- und Entspannung. Konzentriere dich auf das entspannte Gefühl im ganzen Oberkörper ... Lasse alle Muskeln ganz los ...

4. Und nun zu den Beinen.

Anspannung (5–7 Sekunden):

Hebe beide Beine vom Sitz leicht hoch, ziehe die Zehenspitzen zu dir heran und drehe die Füße leicht nach innen. Jetzt ...

Spüre, wie fest und hart die Muskeln sind ...

Entspannung (etwa 30 Sekunden):

Und loslassen. Stelle die Beine wieder in einer ganz bequemen Position ab und lasse alle Muskeln ganz locker. Achte auf den Unterschied zwischen An- und Entspannung. Spüre, wie sich die Entspannung vom Oberschenkel bis in die Zehen anfühlt ... Lasse ganz los ...

Spüre die angenehme Entspannung im ganzen Körper ...

III. Reise durch den Körper

Bevor wir die Übung beenden, machen wir noch einmal ohne Anspannungsübungen eine Reise durch den ganzen Körper. Versuche dabei, die Muskeln noch ein wenig mehr loszulassen und achte auf das Gefühl der Entspannung.

Wir beginnen die Reise bei den Händen ... achte auf das Gefühl in den Händen ... den Unterarmen ... den Oberarmen ... Wir wandern weiter über die Schultern zum Kopf und Gesicht ... spüre, wie sich die Stirn anfühlt, die Augen, die Wangen, der Mund ... der Mund kann leicht geöffnet sein ... Wir gehen weiter zu Hals und Nacken ... spüre, ob du ein wenig mehr loslassen kannst ... Wir wandern weiter zu Brust und Brauch ... fühle, wie sich beim Einatmen Brust und Bauch leicht heben und beim Ausatmen senken und entspannen ... Weiter zu den Beinen ..., von den Oberschenkeln ..., über die Unterschenkel ... zu den Füßen ...

Die Entspannung kann sich mehr und mehr ausdehnen und tiefer und tiefer werden ...

IV. Beenden der Übung

Nun werden wir die Übung langsam wieder beenden. Atme noch einmal tief ein und aus ... und noch einmal ein ... und aus ... Recke dich, räkel dich, ... strecke deine Arme und Beine, ... und dann öffne langsam die Augen. Du kannst noch ein wenig ruhig sitzen bleiben.

Entspannungsübung 2: Fantasiereise

Diese Übung ist für jedes Alter geeignet. Sie kann nach einer Progressiven Muskelentspannung oder Atemübung folgen, um die Entspannung zu vertiefen, oder alleinstehend angewendet werden. In jedem Fall sollte vorher eine kurze Einleitung gegeben werden, in der sich die Schüler*innen bequem hinsetzen und Zeit haben ruhig zu werden (siehe Einleitung der Übung zur Progressiven Muskelentspannung). Wie alle Entspannungsübungen sollte diese Übung nachbesprochen werden.

Quelle: Speck, V. (2013). *Training progressiver Muskelentspannung für Kinder*. Hogrefe Verlag.

Anleitung (Dauer: etwa 5–10 Minuten plus Nachbesprechung)

Fantasiereise in den Wald

Nun in diesem Gefühl von Ruhe, betrittst du die Welt deiner Träume und Vorstellungen ... und wirst ein sehr schönes und angenehmes Bild schaffen ...

Es ist ein klarer, sonniger Nachmittag in den Ferien ... du hast frei ... du betrittst den Wald ... es ist als ob du in eine andere Welt gehen würdest ... eine Welt voll Farben, voll von Gerüchen, die aus dem grünen Wald hervorkommen ... du gehst ganz langsam ... gehst ganz langsam ... atmest tief und langsam ... atmest die Gerüche ein, die aus dem Wald kommen ... du spürst den Geruch des feuchten Waldbodens ... du gehst ... und gehst ... während du die Baumstämme von vielen ... vielen Bäumen berührst ... die Rinde der Bäume fühlt sich ganz rau an ... die Bäume sind stark ...

... dann ... hältst du an und bemerkst die Farben der Sonne, die die höchsten Zweige der Bäume berührt ... oder, vielleicht sind die Bäume so groß, dass sie den Himmel berühren ... es ist als würdest du zum ersten Mal diesen Wald sehen und spüren ... nichts stört die Ruhe des Waldes ... diese Ruhe und Stärke der Bäume ... du nimmst all diese Stärke in dir auf ... spürst all diese Kraft in dir ...

Bleibe noch etwas in dem Wald und in der Ruhe, nur für ein paar Minuten ...

... dann werden wir ganz langsam wieder zurückkommen, ganz, ganz langsam ... als wenn du aus einem wundervollen Traum aufwachen würdest ... und fühlst dich dabei sehr ruhig und ausgeruht ...

... atme tief durch, dann räkle dich und strecke dich und öffne langsam deine Augen.

Entspannungsübung 3: Bauchatmung

Diese Übung ist kurz und einfach und eignet sich für alle Altersstufen. Jüngere Kinder brauchen etwas mehr Unterstützung, die Atmung zu beeinflussen. Dazu können sie die Aufgabe bekommen, langsam bis fünf zu zählen und sich vorzustellen, dass sie einen Luftballon aufblasen und die Luft wieder herauslassen. Die Zeitvorgaben sollten individuell angepasst werden – jeder in seinem Tempo – damit Kinder nicht in Luftnot geraten.

Anleitung (Dauer: wenige Minuten plus Nachbesprechung)

Setz dich zunächst bequem hin. Stell die Füße nebeneinander auf den Boden, lehn dich mit geradem Rücken an die Rückenlehne und leg die Arme locker auf die Oberschenkel oder Armlehnen. Mach es dir so bequem wie möglich.

Lass einige Atemzüge kommen und gehen und beobachte den Atem, wie er durch die Nase ein- und austritt … achte nun darauf in den Bauch zu atmen … Lege eine Hand auf den Bauch und spüre, wie sich die Hand hebt und senkt, während du atmest.

Atme durch die Nase ein … und durch die Nase oder den Mund aus, je nachdem, was angenehmer ist …

Atme noch einige Atemzüge in deinem Tempo, wie es angenehm ist für dich.

Wir beenden die Übung langsam … Kehre mit deiner Aufmerksamkeit hier in den Raum zurück.

Anhang 11. Verhaltensbeobachtung

Verhalten (konkret beschreiben)	Wann trat es auf?	Wo trat es auf?	Was geschah vorher? (Auslöser)	Was geschah nachher? (Folgen/Konsequenzen)	Weitere Bemerkungen (z. B. gescheiterte Lösungsversuche)

Anhang 12. Liste für hilfreiche Gedanken

Vor der Situation	Während der Situation	Nach der Situation

Anhang 13. Umgang mit Suizidalität I

Risikoeinschätzung und Dokumentation

Bei diesem/dieser Schüler*in besteht ein erhöhtes Suizidrisiko aus folgenden Gründen:

Name des/der Schüler*in: **Datum:**

Folgende Hinweise wurden bei dem/der Schüler*in beobachtet:

Wird das eigene Aussehen vernachlässigt?	ja ☐ nein ☐
Ist das Kind häufig alleine, beschäftigt sich weniger mit Freundinnen oder Freunden als zuvor?	ja ☐ nein ☐
Wirkt das Kind aktuell oder wiederkehrend stark belastet?	ja ☐ nein ☐
Gibt es Hinweise auf Hoffnungslosigkeit, eine fehlende Zukunftsperspektive (z. B. gefährdeter Schulabschluss)?	ja ☐ nein ☐
Fühlt sich das Kind bedroht (z. B. durch Bullying, häusliche Gewalt)?	ja ☐ nein ☐
Gibt es Hinweise auf eine gehobene Stimmung durch den Gedanken an die Selbsttötung als Lösung der Probleme (Wertgegenstände verschenkt, plötzlich gehobene Stimmung, Regelung persönlicher Angelegenheiten)?	ja ☐ nein ☐
Werden Drogen konsumiert?	ja ☐ nein ☐
Zeigt sich eine starke Beschäftigung mit dem Thema „Tod" in Bildern, Gedichten, Musik?	ja ☐ nein ☐

Vergangene Hinweise

Gibt es häufige Unfälle oder körperliche Beschwerden ohne medizinische Erklärung?	nein ☐ ja ☐ ________
Frühere Suizidversuche bekannt (Wann?)	nein ☐ ja ☐ ________
Selbstverletzendes Verhalten bekannt (Wann?)	nein ☐ ja ☐ ________
Krisen/Abschied/Verluste in der letzten Zeit?	nein ☐ ja ☐ ________

Getroffene Maßnahmen

Aktenvermerk vorgenommen am: ____________________

Verdacht auf Suizidalität der Leitung/Stellvertretung mitgeteilt am: ____________________

Hinweis:

Es sollte u.a. dokumentiert werden:

1. Spontan geäußerte Suizidabsicht, Antworten auf die oben genannten Fragen
2. Befindlichkeit des/der Schüler*in in der Situation und bei Verlassen des Gesprächs
3. Genaue Uhrzeit, Ort, Datum, Name der Lehrkraft
4. Entscheidung der Vorgesetzten bezüglich des weiteren Vorgehens

> Wichtig: Bei Verdacht auf Suizidalität immer den in der Schule geltenden Richtlinien zum Umgang mit suizidgefährdeten Schüler*innen folgen!

Anhang 14. Umgang mit Suizidalität II

Notfallplan für Lehrkräfte

Ein*e Schüler*in äußert Suizidabsichten

→ Risikoabschätzung vornehmen: Einschätzung Absprachefähigkeit

Akute Suizidalität (nicht eindeutig absprachefähig)

1) Vorgesetzte*n hinzuziehen
2) Sozialpsychiatrischen Dienst hinzuziehen (in der Zeit von 9–17 Uhr)
3) Außerhalb der Bürozeiten Feuerwehr/Notarzt (112) oder Polizei (110) hinzuziehen

Ansprechpersonen:

Legen Sie ein Kärtchen mit den Telefonnummern der Ansprechpersonen griffbereit ab:

Ansprechpersonen in suizidalen Krisen

1. Vorgesetzte*r .... Telefonnr. ....
2. Sozialpsychiatrischer Dienst, Telefonnr. ....
3. Notarzt/Polizei oder Feuerwehr anrufen 110 oder 112

Ratgeber Kinder- und Jugendpsychotherapie

Informationen für Betroffene, Eltern und pädagogische Fachkräfte

Christoph Wewetzer / Kurt Quaschner
Ratgeber Suizidalität

Band 27: 2019,
56 Seiten, Kleinformat,
€ 8,95 / CHF 11.90
ISBN 978-3-8017-2923-3
Auch als eBook erhältlich

Gerd Schulte-Körne / Katharina Galuschka
Ratgeber Lese-/Rechtschreibstörung (LRS)

Band 26: 2019,
86 Seiten, Kleinformat,
€ 9,95 / CHF 13.50
ISBN 978-3-8017-2722-2
Auch als eBook erhältlich

Hildegard Goletz / Veit Roessner / Manfred Döpfner
Ratgeber Zwangsstörungen

Band 25: 2017,
70 Seiten, Kleinformat,
€ 9,95 / CHF 13.50
ISBN 978-3-8017-2646-1
Auch als eBook erhältlich

Hannah Cholemkery / Janina Kitzerow / Sophie Soll / Christine M. Freitag
Ratgeber Autismus-Spektrum-Störungen

Band 24: 2017,
62 Seiten, Kleinformat,
€ 9,95 / CHF 13.50
ISBN 978-3-8017-2705-5
Auch als eBook erhältlich

Albert Lenz / Silke Wiegand-Grefe
Ratgeber Kinder psychisch kranker Eltern

Band 23: 2016,
80 Seiten, Kleinformat,
€ 9,95 / CHF 13.50
ISBN 978-3-8017-2590-7
Auch als eBook erhältlich

Bestellen Sie jetzt die Reihe zur Fortsetzung.

Die Bände der Reihe können einzeln oder zur Fortsetzung bestellt werden. Ihr Vorteil: Direkte und bequeme Lieferung jedes neuen Bandes sofort nach Erscheinen.

Weitere Bände finden Sie unter:
https://www.hogrefe.de/shop/ratgeber-kinder-und-jugendpsychotherapie.html

www.hogrefe.com

hogrefe